baile latino

un libro en *movimiento*

baile latino

dessi and orod ohanians

PANAMERICANA
EDITORIAL

Ohanians, Dessi
    Baile latino / Dessi Ohanians ; fotos Mike Good. —
Bogotá : Panamericana Editorial, 2004.
    128 p. : il. ; 15 cm. — (En movimiento)
    ISBN 958-30-1392-7
    1. Danza I. Good, Mike, fot. II. Tít. III. Serie.
792.8 cd 20 ed.
AHU7004

    CEP-Banco de la República-Biblioteca Luis Ángel Arango

Editor
Panamericana Editorial Ltda.

Traductor
Alberto Holguín Alfaro

Título original del libro: *Latin Dancing*
Nombre original de la colección: *Flowmotion Series*

Primera edición en Inglés, 2002
©Axis Publishing Limited
8c Accommodation Road
London NW 11 8ED
United Kingdom

Primera edición en Español, abril 2004
©Panamericana Editorial Ltda.
Calle 12 No. 34-20 Tel.: 3603077
www.panamericanaeditorial.com
panaedit@panamericanaeditorial.com
Bogotá D. C., Colombia

ISBN: 958-30-1392-7

Impreso por Panamericana Formas e Impresos S.A.
Calle 65 No. 95-28 Tel.: 4302110
Bogotá D. C., Colombia
Quien sólo actúa como impresor.

un libro en MOVIMIENTO

baile latino

contenido

introducción   6

salsa   16

merengue   54

lambada   90

índice   126

introducción

Salsa, merengue y lambada, estos tres bailes son el alma de la cultura latinoamericana, son ritmos que todo el mundo ha llegado a disfrutar, sobre todo durante la última década. Cada uno proviene de un país y cultura diferentes, y posee su propia historia y ritmo. El vínculo que los une es la energía y la pasión por la vida, presentes en la música, en el romance de las parejas bailando en armonía y en la manera como la danza une a las personas.

En este libro ofrecemos una pequeña reseña de estos tres bailes: la salsa cubana, la lambada brasileña y el merengue de República Dominicana. Estos ritmos son llamados con frecuencia bailes "callejeros". Fueron y son practicados hoy por gente del común en la cotidianidad de sus vidas, no sólo en clubes, sino con frecuencia en plazas y calles. Hay muy pocas reglas, rápidas y precisas, sobre cómo practicarlos: todos pueden interpretarse libremente, y cada bailarín puede mostrar su personalidad en el movimiento. Pasos más complicados podrán ser agregados para hacer del baile un reto y un espectáculo visual. De acuerdo a su gusto puede bailar siguiendo cada paso y técnica o hacerlo de manera espontánea. Lo más importante es recordar que debe divertirse.

No obstante, existen algunos principios básicos que todo bailarín de ritmos latinos debe seguir:

- Nunca use el mismo pie dos veces seguidas: un paso con el pie derecho debe ir seguido de uno con el izquierdo.
- Baile con su pareja como espejo: el pie izquierdo del uno corresponde al derecho del otro.
- Transfiera el peso de un pie al otro al marcar el ritmo: el cuerpo se balancea sobre un pie y luego sobre el otro, a medida que se realizan los pasos.

Cada baile tiene pasos propios, secuencias y movimientos. Sin embargo, no es importante aprenderse millones de combinaciones: sólo dance con pasión y entusiasmo. Deje que la música mueva su cuerpo y lleve sus pies. En este libro encontrará indicaciones para mantener una buena postura, los agarres y movimientos de cadera para cada uno de los bailes. Las rutinas mostradas pueden unirse y practicarse como una sola pieza, pero siéntase libre de improvisar y experimentar.

salsa

Hay muchas versiones acerca de cuándo o dónde nació la salsa: Cuba, Puerto Rico o Colombia se disputan la procedencia. Sólo una cosa es cierta: la salsa es el crisol donde se mezclaron varias danzas latinas y afrocaribes; cada una desempeñó un papel en su creación.

Muchos piensan que la salsa se originó en Cuba. Pudo haber sido así, pero no hay certeza de ello. El danzón fue realmente uno de los principales contribuyentes, pero otros pasos provienen de la rumba africana junto con la cumbia, el guagancó, la guajira, el son cubano, el mambo, el son montuno, el cha-cha-cha y varios ritmos hispánicos que se mezclaron a medida que su música se fue desarrollando. La salsa tradicional se interpretaba con una clave (instrumento conformado por dos palos de madera que se golpean uno contra el otro).

Al mismo tiempo, la salsa fue adoptada en países como República Dominicana, Colombia y Puerto Rico. Luego, los músicos llevaron estos ritmos a Estados Unidos y México, esparciéndose desde Nueva York hasta Miami. Los neoyorquinos inventaron la palabra "salsa" para describir la música, con el fin de convertirla en un éxito comercial; comenzó a transmitirse luego por radio y televisión, y reunió un gran número de compositores.

En la salsa moderna se oye la influencia del son y de la cumbia, incluso mezclas de guaracha y merengue. En los últimos 30 años la salsa ha evolucionado de muchas maneras: no sólo en la forma de bailar sino en la interpretación, con lo cual ofrece una gran variedad de ritmos. Tomemos como ejemplo el estilo de salsa desarrollado en Nueva York, que llevó a emplear mayor percusión. Los neoyorquinos, que bailan mambo (en el segundo tiempo), podrían bailar sin problema al ritmo y tiempo de la salsa derivada del son, mientras que los bailarines de Miami y Los Ángeles adaptaron el estilo de baile cubano (en el primer tiempo).

De alguna manera, la salsa es cercana al mambo. Los pasos son ejecutados en conteos de ocho, y los movimientos y patrones son similares. Sin embargo, la salsa tiene giros diferentes de los del mambo, y es un baile de lado a lado.

La salsa es uno de los ritmos más importantes de la industria musical. Tiene diversas raíces y todos están de acuerdo en que la música es excitante y ha atraído seguidores en todo el mundo. Ningún método para bailar salsa es mejor que otro; la excelencia técnica, la delicadeza y el estilo nunca sobran; pero, lo más importante es el sentimiento al bailar con su pareja. El romance y la pasión del baile en pareja son primordiales.

bases para los movimientos y las señales

La salsa se originó como baile en las calles. Por tanto, no estaba bien estructurada y tenía pocos movimientos definidos. En este libro hemos hecho el baile a un lado para simplificar y mejorar la técnica. Establecimos señales, pasos y posturas para el hombre y la mujer, desde pasos básicos hasta movimientos intrincados para bailarines experimentados. Las técnicas avanzadas están diseñadas para que todos bailen con elegancia y precisión.

Cada paso consta de cuatro tiempos. En la salsa cubana se toca ligeramente el piso con la punta del pie en el primer tiempo, esto es llamado *tap* (golpe). Luego, se da el paso con el mismo pie en un sentido o en otro (de acuerdo al paso), estirando la rodilla mientras se traslada el peso y se levanta el pie de apoyo. Sobre el tercer tiempo, el peso va de nuevo al centro, y a la cuenta de cuatro se unen ambos pies. Luego se repite lo mismo con la otra pierna. Mientras se traslada el peso sobre el pie que está en movimiento, exageramos el paso moviendo la cadera en la misma dirección. Ello proporciona el movimiento de cadera característico de la salsa.

Los pasos se realizan en ocho tiempos. Al bailar salsa cubana, se da un ligero golpe justo antes de que suene el primer tiempo de la música. El primer paso, conocido técnicamente como inicio, se da en el primer tiempo. A esta forma de bailar se le llama "en dos", el paso es el segundo movimiento del baile, incluso cuando éste se realiza en el primer tiempo. Esto causa algo de confusión, pero ayuda el hecho de recordar que el mambo también se baila así. Al bailar, hay dos formas de agarre: el cerrado, cuando la mano

AGARRE CERRADO

AGARRE ABIERTO

izquierda de la persona que lleva el paso sostiene la mano derecha de quien lo sigue; la mano derecha del primero está puesta sobre la base de la espalda de la otra persona, y la mano izquierda de quien sigue, está en el hombro de quien lo lleva. En esta posición, quien lleva el paso se para un poco a la izquierda de la pareja, de manera que las rodillas no queden enfrentadas, cruzándose al doblarse.

En el agarre abierto, los dos se toman de las manos y se ubican enfrentados, separados aproximadamente un pie el uno del otro. Ésta es la posición de partida de la mayoría de las secuencias y se usa para vueltas y giros.

Los bailarines rara vez hablan entre sí. Entonces, ¿cómo logran comunicarse para saber qué hacer? Es sencillo. La forma de tomar la mano da una idea de qué es lo que va a pasar. A ello se le llama "dar una señal", y dichas señales se muestran en detalle en las secuencias del baile. Son simples, sólo alterar la posición de la mano indica un cambio de paso. Estas señales no son iguales para todos los pasos, parten del agarre de cada movimiento. Por ejemplo, al dar la señal para un giro, el que guía mueve los dedos desde debajo de la mano de la compañera y deja los suyos arriba. De este modo, tiene un agarre apropiado para ayudarla durante el giro. Los indicios son importantes para la fluidez del baile. Todos quieren armonía con su pareja, no luchar con ella en la pista.

Al bailar, conserve una postura erguida. Estar encorvado puede interpretarse como desgano. Dé pasos cortos, esto también le ayudará a mantener un ritmo más rápido. Trate de mirar a su pareja ocasionalmente y anímela con una sonrisa.

SEÑALES PARA EL CAMBIO DE PASO

El pulgar se levanta para empujar la mano de la pareja

Se saca el pulgar a un lado antes de un giro

Agarre inicial para el giro

lambada

La lambada se llamó alguna vez el baile prohibido. Ésta provino de la *dança da garrafa*, un baile en el que la mujer bailaba acuclillándose sobre una botella puesta en el suelo, acercándose lo más posible al extremo de la misma sin tocarlo. Hoy en día es difícil ver esta danza, pero la lambada, con su ritmo picante y caliente, es una de las formas de baile más sensuales y románticas que se hayan creado. Uno no puede menos que sentirse arrastrado por ella una vez se ha probado.

La lambada se originó en pequeños cafés y bares de Brasil, llamados "lambaterías", en donde la gente se reunía a bailar entrelazada. De allí evolucionó el ritmo como lo conocemos hoy.

Se cree popularmente que la lambada es el producto de ritmos como el carimbo y el merengue, con influencias traídas del forro y la samba. Sin lugar a dudas, la lambada tiene influencias de la música del Caribe. Pero la melodía es una combinación de tambores caribeños, metales y guitarras eléctricas con un toque adicional de elementos españoles y el sabor de los indígenas locales.

La lambada se desplazó a lo largo de Brasil hasta Bahía sobre la costa este, en donde evolucionó y se desarrolló, particularmente en Porto Seguro. Allí la gente baila lambada sobre las puntas de los pies y con las piernas arqueadas. También era normal bailar muy cerca el uno del otro y el uso de faldas llamativas. La gente de la región del sureste del Brasil no gustaba de estos ritmos llegados de Bahía.

En su forma original, la lambada duró muy poco tiempo en Brasil. Comenzó realmente en 1989, cuando una banda francesa llamada Kaoma llevó el baile a Europa y lo comercializó con un estilo fresco. La lambada se tomó Europa de improviso. El momento era perfecto. Por primera vez, desde los sesenta, había llegado una música capaz de animar a las parejas a bailar en un abrazo romántico. La influencia europea fue tan fuerte que Brasil volvió a acoger de corazón la lambada. La música de la lambada se propagó desde Europa hasta Japón, los Estados Unidos y el Medio Oriente. Le dio un nuevo aire a la danza de todo el mundo. A su vez, cantantes brasileños tales como Fafa do Belem, Daniela Mercury, y muchos más, comenzaron a crear música de lambada. La oleada fue imparable.

Al no haber suficiente variedad musical la gente comenzó a escuchar los característicos ritmos de tres tiempos: como el zuke, la música árabe y turca, y la más popular de todas, la rumba española y la de los Gypsy Kings.

Hoy en día se puede bailar lambada en atestados clubes nocturnos y de baile, en los últimos años, las rutinas de lambada han evolucionado e incluyen giros de *jive*, merengue, rumba e incluso de sevillanas. También se le han agregado maniobras acrobáticas.

pasos y movimientos

La lambada es un ritmo de tres tiempos: rápido-rápido-lento. El primer paso se da con el primer tiempo de la música, el segundo es por lo general un movimiento en uno de los dos sentidos, y el tercero consiste en trasladar el peso de regreso al centro, esta vez moviendo la pierna más despacio. La lambada se baila con todo el cuerpo, no sólo con las piernas. Los bailarines, particularmente las mujeres, bailan sobre las puntas de los pies. La causa de ello es que la lambada se bailaba descalzo en las playas de Brasil, donde la arena es tan caliente que no se puede apoyar todo el pie. Las rodillas deben doblarse un poco, y permanecer flexibles aun cuando se transfiera el peso al otro pie. El tronco se mueve en la dirección opuesta a la parte baja del cuerpo: en general, si la cadera gira en una dirección, la caja torácica debe girar en la dirección opuesta. El movimiento llega a exagerarse, y cuando los bailarines son experimentados, la lambada se baila muy cerca. Los bailarines deben parecer pegados. De esta manera, se da la impresión de un solo cuerpo.

Para llevar el paso en la lambada, el hombre necesita imaginar que la mujer es como arcilla en sus manos que puede ser moldeada, haciendo presión sobre ella para producir una forma perfecta. En la lambada no hay señales para que la mujer esté relajada y permita a su compañero llevarla a la posición adecuada.

Las mujeres tienen la oportunidad de "adornar" el baile con movimientos de cabeza, pero esto es opcional y ellas deciden cómo hacerlo.

Para las caídas, produzca una onda desde las rodillas hacia arriba, por las caderas y los hombros, por último mueva la cabeza. No sea demasiado ambicioso: llegue sólo hasta donde su condición física lo permita.

merengue

Existen varios estilos de merengue. Unos rápidos, otros lentos, e interpretados con distintos instrumentos. Los tiempos varían, de lento a rápido, apresurando el ritmo hacia el final del baile. El merengue lento, similar al bolero, es el más popular en clubes y restaurantes que ofrecen noches de baile.

El merengue es el baile nacional de República Dominicana y es enormemente popular en todo el Caribe, en Haití y en las islas próximas.

Hay muchos supuestos acerca del origen de este ritmo. Uno de ellos es que, a principios del siglo XIX, los esclavos africanos de las plantaciones imitaban los bailes de salón realizados en las casas de las haciendas pertenecientes a los europeos. Cuando celebraban sus festividades, los esclavos recreaban estos bailes en los graneros. Para hacer la danza más divertida, con el tiempo agregaron golpes de tambor para dar más ritmo.

El merengue no se bailaba en parejas, sino en círculo. Hombres y mujeres unos frente a otros sostenían las manos separados a un brazo de distancia. No se bailaba tan cerca como hoy en día. La mayor parte de las danzas de origen africano comparten como característica común la definición de pasos y el movimiento de los brazos. El baile original consistía principalmente en sacudir los hombros y hacer un movimiento rápido con los pies. A diferencia de hoy, había poco movimiento de caderas pues, los bailarines nativos de África no las movían.

El merengue ha sido popular en República Dominicana desde el siglo XIX. Se bailaba en cada celebración en todo el país, y su popularidad se esparció por todo el Caribe.

Al comenzar el siglo XX, algunos músicos realizaron una campaña para llevar esta danza a los salones de baile. Los músicos populares se adhirieron a esta campaña, pero siempre encontraron resistencia por acompañar las melodías originales con letras vulgares. Los primeros en cambiar esta imagen fueron Juan F. García, Juan Espínola y Julio Alberto Hernández. No tuvieron éxito al principio porque la comunidad culta rechazó el merengue aunque los músicos fuesen conocidos y muy populares.

Hasta que una familia aristocrática de Santiago le pidió a Luis Alberti que escribiera un merengue con "letra decente" para festejar los 15 años de su hija. La canción fue un éxito y es tomada hoy en día como himno del merengue. De ahí en adelante el merengue se popularizó, especialmente cuando comenzó a ser transmitido en la radio.

Los músicos populares trataron de imitar y seguir el modelo creado por estos primeros artistas, mientras que en el campo se siguió interpretando el merengue de la forma tradicional. Esto produjo dos tipos diferentes de merengue: el folclórico, que todavía puede escucharse en el campo, y el de salón, que es el más conocido.

En República Dominicana, el merengue tuvo su edad de oro durante la dictadura de Rafael Trujillo, desde la década de 1930 hasta su asesinato en 1961. Trujillo era de origen campesino, y promovió la música como símbolo de expresión nacional y de la cultura de la llamada clase baja.

Agarre cerrado para bailar merengue. La mano del hombre se pone en la cintura de la pareja.

movimientos y combinaciones

La base del merengue moderno es la transferencia del peso de un pie al otro, combinada con movimientos exagerados de las caderas. El tronco permanece relativamente relajado. Hay varios cambios de mano cuando la mujer gira alrededor del hombre, o viceversa.

El merengue incluye movimientos característicos que no tienen su origen en la salsa, como muchos creen. En la mayoría de los clubes de salsa, el merengue se baila intercalando movimientos de este ritmo; con el fin de darles variedad. Es una oportunidad para experimentar y crear movimientos por cuenta propia, pues los pasos son muy sencillos. Hoy en día el merengue es un baile de gran popularidad en todo el Caribe y Latinoamérica, y ha alcanzado reconocimiento en los EE.UU. Cualquiera puede bailarlo, incluso alguien que nunca haya bailado. La música es vigorosa y seguramente agregará el sabor latino a cualquier celebración.

El atractivo del merengue está en el exagerado movimiento de las caderas.

Éstas se mueven de lado a lado cuando el bailarín traslada el peso del cuerpo.

siga la secuencia

Las imágenes especiales *en movimiento* usadas en este libro han sido concebidas para asegurarnos de que usted pueda apreciar toda la secuencia del baile y, no sólo detalles escogidos. En cada secuencia encontrará una franja de color que le indicará el nivel de dificultad. Los párrafos debajo de las imágenes le proporcionarán la información necesaria para ayudarle a ejecutar los pasos con seguridad. Más abajo hay otra franja que muestra los pasos en cada tiempo. Las fotografías exhiben la posición "en el tiempo", que ayudará a los principiantes a visualizar cada paso. En la mayoría de los bailes latinoamericanos, los bailarines se mueven hacia un lado para comenzar y luego lo hacen en la dirección opuesta.

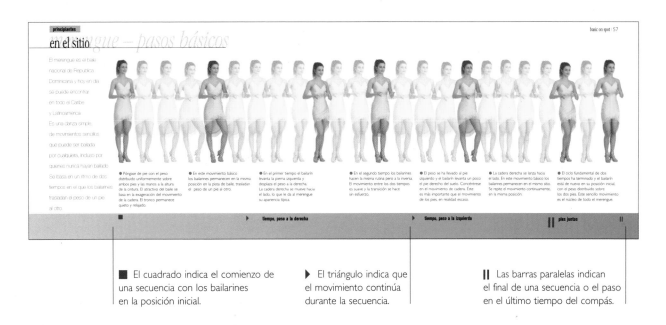

principiantes
en el sitio *merengue – pasos básicos*
basic on spot : 57

El merengue es el baile nacional de República Dominicana y hoy en día se puede encontrar en todo el Caribe y Latinoamérica. Es una danza simple, de movimientos sencillos que puede ser bailada por cualquiera, incluso por quienes nunca hayan bailado. Se basa en un ritmo de dos tiempos en el que los bailarines trasladan el peso de un pie al otro.

● Póngase de pie con el peso distribuido uniformemente sobre ambos pies y las manos a la altura de la cintura. El atractivo del baile se basa en la exageración del movimiento de la cadera. El tronco permanece quieto y relajado.

● En este movimiento básico los bailarines permanecen en la misma posición en la pista de baile, trasladan el peso de un pie al otro.

● En el primer tiempo el bailarín levanta la pierna izquierda y desplaza el peso a la derecha. La cadera derecha se mueve hacia el lado, lo que le da al merengue su apariencia típica.

● En el segundo tiempo los bailarines hacen la misma rutina pero a la inversa. El movimiento entre los dos tiempos es suave y la transición se hace sin esfuerzo.

● El peso se ha llevado al pie izquierdo, y el bailarín levanta un poco el pie derecho del suelo. Concéntrese en el movimiento de cadera. Este es más importante que el movimiento de los pies, en realidad escaso.

● La cadera derecha se lanza hacia el lado. En este movimiento básico los bailarines permanecen en el mismo sitio. Se repite el movimiento continuamente, en la misma posición.

● El ciclo fundamental de dos tiempos ha terminado y el bailarín está de nuevo en su posición inicial, con el peso distribuido sobre los dos pies. Este sencillo movimiento es el núcleo de todo el merengue.

▶ tiempo, peso a la derecha
▶ tiempo, peso a la izquierda
❚❚ pies juntos ❚❚

■ El cuadrado indica el comienzo de una secuencia con los bailarines en la posición inicial.

▶ El triángulo indica que el movimiento continúa durante la secuencia.

❚❚ Las barras paralelas indican el final de una secuencia o el paso en el último tiempo del compás.

salsa

paso adelante y atrás

Los pasos básicos de la salsa son sencillos, el énfasis está en el estilo. Aquí se muestra el movimiento hacia adelante y hacia atrás. Los pasos de todos los movimientos básicos son los mismos, tanto para el hombre como para la mujer.

● Párese con los pies juntos, luego traslade el peso sobre la punta del pie derecho. Levante la rodilla izquierda con los dedos del pie apuntando al piso y dé un golpe leve con la punta del pie izquierdo en el primer tiempo del compás.

● Se da un paso corto hacia adelante con el pie izquierdo al tiempo con la música. Los primeros movimientos son la invitación a la danza. Mientras ejecuta el paso, traslade el peso al otro pie.

● La cadera sigue la dirección del paso. Esto le da el estilo auténtico de la salsa. En el tercer tiempo, traslade su peso de nuevo sobre el pie derecho. Éste debe colocarse en la posición inicial.

● En el cuarto tiempo los pies se juntan y tiene lugar el paso completo: tiempo, golpe, tiempo, adelante, tiempo, atrás, tiempo, juntos.

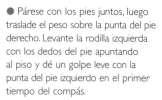

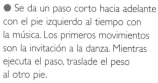

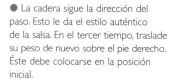

■ ▶ **tiempo, golpe**   ▶ **tiempo, adelante**   ▶ **tiempo, atrás**   ▶ **tiempo, pies juntos**   11

● Se repite el paso en la dirección opuesta, con el golpe y el paso atrás ahora con el pie derecho. Sigue el paso completo: tiempo, golpe, tiempo, atrás, tiempo, adelante, tiempo, juntos.

● Al dar el paso atrás, lleve el peso al talón derecho. La cadera derecha se proyecta hacia un lado. Los pies deben rozar el piso y la transferencia del peso siempre debe controlarse con la rodilla y el tobillo.

● Vuelva a poner el peso sobre el pie y mantenga el tronco quieto. Imagine algo en el suelo que le ofrece resistencia. En el último tiempo, lleve la pierna izquierda junto a la derecha, asumiendo la posición inicial.

● Este primer movimiento básico hace parte de muchas rutinas de salsa. El hombre y la mujer lo ejecutan de la misma manera. Al bailar con la pareja, los movimientos del hombre son como un espejo de los de la mujer.

▶ **tiempo, golpe**   ▶ **tiempo, paso atrás**   ▶ **tiempo, adelante**   ▶ **tiempo, pies juntos**   **11**

paso atrás y otra vez atrás

salsa pasos básicos

El segundo paso básico
en la salsa es una extensión
del primero. En éste,
el primer movimiento después
del golpe va hacia atrás.
Como lo expresa el título,
se dan dos pasos,
el primero con el pie
izquierdo y el segundo
con el derecho.

● Comience el movimiento con normalidad, dando el golpe con el pie izquierdo en el primer tiempo del compás. El golpe debe hacerse con la punta del pie tocando levemente el suelo. El peso está sobre el pie derecho.

● En el segundo tiempo dé un paso corto atrás con el pie izquierdo. El peso continúa sobre el pie derecho y la cadera girada hacia la derecha.

● En el tercer tiempo el peso se desplaza adelante sobre el pie derecho. Recuerde mantener el cuerpo quieto, realice el movimiento desde la cintura hacia abajo. Ésta es la esencia de la salsa.

● En el cuarto tiempo los pies se juntan en la posición inicial. Sigue el paso completo: tiempo, golpe, tìempo, atrás, tiempo, adelante, tiempo, juntos.

● En el primer tiempo del siguiente compás se da el golpe, esta vez con el pie derecho. Mantenga la punta del pie hacia abajo.

● En el segundo tiempo el paso se da hacia atrás. El peso está sobre el pie izquierdo y la cadera izquierda al lado.

● En el tercer tiempo del compás el peso se desplaza de nuevo adelante sobre el pie izquierdo y en el cuarto tiempo se juntan los pies.

● Así se completa el movimiento. Los pies están juntos en la posición inicial, listos para que se ejecute el siguiente paso del baile. Recuerde que todos los movimientos van desde la cintura hacia abajo.

▶ **tiempo, golpe**   ▶ **tiempo, atrás**   ▶ **tiempo, adelante**   ▶ **tiempo, pies juntos**   ‖

apertura —*pasos básicos*

Girar con gracia es uno
de los aspectos bellos de
la salsa. La apertura es
el primer movimiento para
dar una vuelta, y se muestra
aquí con el hombre y
la mujer girando 180 grados
y regresando. Hay cuatro
tiempos por secuencia
y la ejecución del movimiento
debe hacerse de manera
natural, tomando el ritmo
del baile.

● Comience desde la posición normal
de salsa, dé un golpe leve en el primer
tiempo con el pie izquierdo. Conserve
el peso sobre el pie derecho y dé
un paso corto atrás en el segundo
tiempo con el pie izquierdo. Éste
es el comienzo de la vuelta o apertura.

● Necesita llevar el peso más atrás de
lo normal, para que su cuerpo pueda
balancearse y dar la vuelta apoyándose
sobre la punta del pie derecho.

● En el tercer tiempo mueva el pie
izquierdo alrededor del derecho y
balancee el cuerpo en un giro de 180
grados. Necesitará mantener un poco
doblada la rodilla izquierda mientras
regresa a la posición inicial.

■   ▶ **tiempo, golpe**   ▶   **tiempo, paso**   ▶   **tiempo, balanceo**   ▶

● En el cuarto tiempo, traslade el peso a la punta del pie izquierdo y junte los pies para completar el movimiento. Ahora está mirando a la dirección opuesta de la que tenía en la posición inicial.

● Para volver al comienzo repita la secuencia en forma inversa. Esta vez dé el golpe en el primer tiempo y el paso atrás en el segundo tiempo con el pie derecho.

● Con el peso sobre la punta del pie izquierdo, balancee el cuerpo para dar la vuelta en el tercer tiempo. Este movimiento tiene que hacerse rápidamente, a fin de que el cuerpo pueda cambiar de posición.

● Lleve el pie derecho junto al izquierdo para completar el giro. Ahora se encuentra de nuevo en la posición inicial, listo para continuar el baile.

tiempo, pies juntos ❙❙ ▸ **tiempo, golpe** ▸ **tiempo, paso** ▸ **tiempo, balanceo, tiempo, pies juntos** ❙❙

paso al lado *pasos básicos*

El paso al lado hace
parte de varias rutinas
de salsa. El principio
es el mismo
del movimiento
básico hacia
adelante y paso,
paso en los cuatro
tiempos de
la secuencia.

● Párese con los pies juntos y dé un golpe suave en el primer tiempo del compás con la punta del pie izquierdo de la manera usual. Conserve el peso sobre el pie derecho, con la pierna derecha estirada.

● Manteniendo el peso sobre la pierna derecha, dé un paso corto hacia la izquierda en el segundo tiempo del compás. La rodilla debe estar doblada con la punta del pie hacia abajo.

● En el tercer tiempo el peso se desplaza sobre la pierna izquierda. Luego levante la derecha de un lado al otro. Fíjese en que la rodilla esté doblada, con el pie derecho apuntando hacia abajo. Le tomará tiempo perfeccionar el movimiento.

● Junte los pies en el cuarto tiempo y alístese para el próximo compás. Recuerde conservar el tronco quieto. La cadera debe seguir el movimiento.

■ ▶ **tiempo, golpe** ▶ **tiempo, paso** ▶ **tiempo, de un lado al otro** ▶ **tiempo, pies juntos** ❚❚

● Luego repita los pasos en la dirección opuesta. Esta vez el golpe y el primer paso se dan con el pie derecho.

● Dé pasos laterales cortos y cambie el peso de manera natural, mantenga el tronco quieto. En el tercer tiempo, traslade el peso a la pierna derecha y estire la rodilla derecha.

● En el cuarto tiempo, lleve la pierna izquierda de regreso y junte los pies. Esto completará la secuencia y ahora habrá regresado a la posición inicial.

● Este paso sigue exactamente el mismo patrón del movimiento básico hacia delante, y la misma secuencia, pero hacia los lados. Cuando se baila con la pareja, los pasos del hombre y de la mujer son reflejo uno del otro.

el giro

El giro es el último de
los movimientos básicos
que debe dominar el bailarín
de salsa antes de bailar
en pareja. Es más fluido
que las otras secuencias
y se necesita obligar
al cuerpo a girar
360 grados.

● Asuma la posición normal de salsa.
En el primer tiempo dé el golpe
para comenzar con el movimiento.
Esta vez se da con el pie derecho
y no con el izquierdo. La pierna
izquierda está estirada y el pie
derecho apunta hacia el suelo.

● Conserve el peso sobre la pierna
izquierda. Sobre el segundo tiempo
saque la pierna derecha y dé un
pequeño paso hacia el mismo lado.

● Cuando haya dado este paso, lleve
el peso a la derecha y párese sobre
la punta del pie izquierdo. Esto le dará
el apoyo apropiado para girar los 360
grados, sosteniéndose sobre las puntas
del pie izquierdo.

● En el tercer tiempo, impúlsese para dar el giro. Necesitará practicar antes de poder hacerlo con gracia, se requiere de mucho control si desea mantener el equilibrio sobre el pie izquierdo, fijo en el mismo sitio.

● Aquí es cuando el bailarín comienza a rotar 360 grados. Necesitará mantener la pierna izquierda flexible y emplear las manos para equilibrarse mientras gira con la pierna derecha.

● Durante el final de la vuelta, gire el pie derecho de manera que apunte en la dirección de la que partió. Este movimiento es muy rápido.

● La vuelta termina en el cuarto tiempo y se juntan los pies en la posición inicial. El cuerpo debe permanecer erguido y, en lo posible, quieto al ejecutar el giro.

en pareja: adelante y atrás

Una vez se hayan dominado los pasos básicos de la salsa, es hora de ponerlos
en práctica con su pareja. Cuanto más baile con una persona y más comprenda
la intención y el sentimiento de cada baile, mejor será la armonía.

● Al comenzar a bailar tome
a su pareja con un agarre cerrado,
mirándose frente a frente. Ambos
dan el golpe en el primer tiempo.
El hombre con el pie izquierdo
y la mujer con el derecho.

● Una vez dado el golpe, ambos
bailarines levantan las rodillas, con
los pies de la mujer intercalados
con los del hombre, y los pies
apuntando al piso. En el segundo
tiempo el hombre da un paso hacia
la mujer y la mujer da uno hacia atrás.

● Al completar el paso, el peso
del hombre se traslada a su
pie izquierdo y el de la mujer a
su derecho. Ambos bailarines se
mueven al unísono manteniendo
sus troncos quietos.

● En el tercer tiempo el hombre
y la mujer regresan a la posición
inicial. El peso del hombre y la mujer
se traslada a la pierna derecha y a la
pierna izquierda, respectivamente,
como muestra la figura.

■ ▶ **tiempo, golpe** ▶ **tiempo, paso** ▶ **tiempo, paso** ▶

● En el cuarto tiempo los bailarines juntan los pies. El paso se repite, pero esta vez los movimientos se hacen en la otra dirección. El hombre da el paso atrás y la mujer se desplaza adelante.

● El hombre golpea con su pierna derecha y la mujer con su izquierda, en el primer tiempo. La rodilla de la mujer está por fuera de la del hombre y los pies apuntan hacia el piso.

● En el segundo tiempo el hombre se mueve hacia atrás y cambia el peso a la pierna derecha. Simultáneamente, la mujer se desplaza hacia adelante y se apoya sobre la pierna izquierda.

● En el tercer tiempo el peso del hombre se traslada hacia adelante a la pierna izquierda y el de la mujer otra vez atrás a la pierna derecha. En el cuarto tiempo ambos bailarines juntan las piernas, y así termina el movimiento adelante y atrás.

tiempo, pies juntos ‖   ▶   tiempo, golpe   ▶   tiempo, paso   ▶   tiempo, paso, tiempo, pies juntos ‖

salsa en pareja

señal para cambiar al segundo paso básico

Para cambiar de paso la pareja necesita intercambiar señales. En general, son enviadas por el hombre y seguidas por la mujer. La secuencia muestra las señales dadas para cambiar del paso básico hacia adelante al paso atrás, y otra vez atrás.

● Los bailarines están en posición normal y en el primer tiempo se da el golpe. El hombre con el pie izquierdo y la mujer con el derecho.

● En el segundo tiempo la mujer da un paso hacia atrás, como en el movimiento adelante y atrás, y el hombre cambia el movimiento dando un paso atrás y no hacia adelante.

● Esto aparta a los bailarines. El hombre sigue tomando a la mujer de la cintura con la mano derecha, pero la empuja con la izquierda. Al mismo tiempo la mujer extiende el brazo derecho.

● En el tercer tiempo los bailarines trasladan el peso sobre la pierna derecha e izquierda, respectivamente. Esto los acerca de nuevo.

■   ▶   **tiempo, golpe**   ▶   **tiempo, paso**   ▶   **tiempo, paso**   ▶

● En el cuarto tiempo ambos bailarines juntan los pies y se da el golpe en el primer tiempo del siguiente compás. El hombre da el golpe con el pie derecho y la mujer con el izquierdo.

● En el segundo tiempo el hombre da un paso hacia atrás con la pierna derecha y la mujer lo hace con la izquierda.

● Mientras la pareja lleva el peso hacia el pie de atrás, el hombre suelta la cintura de la mujer y la toma de las manos al alejarse, como se muestra. En el tercer tiempo la pareja vuelve a trasladar el peso atrás.

● El cuerpo de ambos está ahora sobre el pie de adelante. En el cuarto tiempo, juntan los pies y se acercan mirándose y tomándose de las manos.

en pareja: segundo paso básico

Este movimiento es el siguiente desarrollo, en el cual los bailarines se apartan, se acercan y se separan de nuevo: primero el hombre con el pie izquierdo y luego con el derecho. Sigue la mujer con la pierna contraria. Este movimiento es un buen ejemplo de la emoción y ritmo de la salsa, cuando los bailarines se separan y se unen de nuevo a medida que la pieza de baile avanza.

● Se ponen de pie el uno frente al otro, cerca. La pareja se sostiene de las manos durante todo el movimiento con los codos doblados al comenzar. En el primer tiempo el hombre da el golpe con su pie izquierdo y la mujer con el derecho.

● En el segundo tiempo cada bailarín da un paso corto hacia atrás, se alejan el uno del otro, mueven la pierna izquierda y derecha, respectivamente. El peso queda sobre la pierna.

● Mientras el peso de los bailarines se traslada a la pierna de atrás, ambos extienden los brazos. El hombre levanta el pie derecho del piso y la mujer el izquierdo.

● En el tercer tiempo, los bailarines vuelven a llevar el peso a la pierna de adelante. Se apartan y se juntan de nuevo.

● En el cuarto tiempo cada bailarín junta las piernas y asume la posición inicial, cerca el uno del otro. Se repite entonces el movimiento en la dirección opuesta.

● En el primer tiempo el hombre golpea con el pie derecho y la mujer con el izquierdo. La posición es la misma que antes.

● En el segundo tiempo los bailarines dan un paso atrás y desplazan el peso de la pierna de adelante a la de atrás, levantando el pie de adelante, como se muestra. Es importante conservar el tronco tan quieto como sea posible.

● En el tercer tiempo los bailarines llevan el peso de nuevo al pie de adelante, y en el cuarto tiempo, juntan las piernas y asumen la posición inicial.

tiempo, pies juntos   ‖   ▶   **tiempo, golpe**   ▶   **tiempo, paso**   ▶   **tiempo, traslade peso, tiempo, pies juntos**   ‖

señal para cambiar al tercer paso básico

Las vueltas y giros son una parte esencial de la salsa y a todas las parejas les encanta incluir estos movimientos en sus rutinas. Esta secuencia muestra las señales hechas cuando la pareja quiere continuar a partir del paso atrás, otra vez atrás, el segundo paso básico, hacia la apertura, que es el tercero. La pareja da simultáneamente una vuelta hacia adentro, y luego cambian de mano para girar 180 grados.

● La pareja ejecuta el segundo paso básico, atrás, otra vez atrás. Comienzan tomados de las manos, se miran y en el primer tiempo del compás el hombre da el golpe con el pie izquierdo y la mujer con el derecho.

● En el segundo tiempo, ambos bailarines dan un paso atrás, el hombre con su pie izquierdo, la mujer con el derecho. Sigue la rutina básica para este paso, con el peso de los bailarines sobre el pie de atrás.

● En esta parte del movimiento la pareja sigue tomada de las manos. En el tercer tiempo la pareja se suelta de la mano derecha y de la izquierda, respectivamente, y giran hacia adentro mientras trasladan el peso al pie de adelante.

● El movimiento del giro debe ser elegante y con estilo. Ambos bailarines se deben mover con simultaneidad, apoyándose sobre la punta del pie que está adelante.

■ ▶ **tiempo, golpe** ▶ **tiempo, paso** ▶ **tiempo, giro** ▶ **tiempo, pies juntos**

● En el cuarto tiempo juntan las piernas y se paran uno junto al otro, luego de haber girado 90 grados. Después en el primer tiempo del siguiente compás, ambos bailarines dan el golpe con el pie de afuera, como se muestra.

● En el segundo tiempo, el hombre y la mujer dan un paso atrás con el pie de afuera. Este paso debe sacarse más hacia el lado a fin de dejar el espacio suficiente para girar el uno en dirección al otro, completando 180 grados en el siguiente tiempo.

● En el tercer tiempo los bailarines llevan de nuevo el peso al pie de adelante y giran cada uno en dirección al otro 180 grados, cambiando de mano al hacerlo.

● En el cuarto tiempo, juntan los pies para terminar. El movimiento finaliza y los bailarines están de nuevo uno al lado del otro, tomados de las manos y mirando al frente.

en pareja: tercer paso básico

Los bailarines pueden seguir entonces con el movimiento de apertura, la tercera rutina básica de salsa. Aquí todos los giros son de 180 grados. Los movimientos repetidos son una parte integral de la salsa y ayudan a adquirir un ritmo. Si practica con su pareja, podrá anticipar cada cambio de manera que la transición de un movimiento a otro se vea fluida y sin esfuerzo.

● Los bailarines están uno junto al otro, tomados de las manos. Es importante pararse a una distancia razonable para poder girar al mismo tiempo.

● El golpe en el primer tiempo del compás y el paso hacia atrás en el segundo se dan ambos con el pie que está afuera. El golpe se da suavemente con la punta del pie.

● En el segundo tiempo se da el paso atrás, y se traslada el peso a la pierna de afuera. Ésta debe estar extendida, y como se levanta la pierna de adentro, la cadera se proyecta hacia afuera, en el mejor estilo de la salsa.

● En el tercer tiempo se lleva el peso de nuevo al pie de adelante y se gira hacia la pareja, cambiando de mano al mirarse de frente. Es importante que el hombre tome la mano de la mujer desde abajo.

■   ▶   **tiempo, golpe**   ▶   **tiempo, paso**   ▶   **tiempo, balanceo**   ▶

● El giro continúa hasta completar 180 grados, cuando la pareja esté mirando en la dirección opuesta. En el cuarto tiempo se juntan las piernas para completar el movimiento.

● Se repite de nuevo el movimiento de apertura. Golpee con el pie de afuera en el primer tiempo del compás, todos los pasos deben hacerse con suavidad uno tras otro.

● En el segundo tiempo se da un paso atrás con el pie de afuera y se estira la pierna de atrás, luego se traslada el peso al pie de adelante, como se muestra. Conserve el tronco tan quieto como le sea posible durante el movimiento.

● En el tercer tiempo se gira hacia adentro 180 grados, y se cambia de mano exactamente de la misma forma que se hizo con anterioridad. En el último tiempo se juntan las piernas para quedar mirando al frente.

tiempo, pies juntos   ‖   **tiempo, golpe**   ▶   **tiempo, paso**   ▶   **tiempo, giro, tiempo, pies juntos** ‖

señal para el giro *en pareja*

Los giros son uno de los componentes más exóticos de la salsa, pero también son los movimientos más difíciles de ejecutar con estilo y precisión, ambos bailarines deben estar bien preparados. Es buena idea practicar estos desplazamientos. La señal para el giro se da cuando el hombre cambia el agarre mientras está dando el segundo paso básico atrás, otra vez atrás, mostrado en las páginas 32 y 33.

● Los bailarines están uno frente al otro, sostienen las manos con normalidad, mientras dan el segundo paso básico atrás, otra vez atrás.

● En el primer tiempo del compás los bailarines dan el golpe con el pie contrario, como se muestra. El hombre da el golpe con su pie izquierdo, la mujer con el derecho.

● En el segundo tiempo ambos bailarines se desplazan hacia atrás alejándose uno del otro. Estiran los brazos pero continúan tomados de las manos.

● En el tercer tiempo los bailarines llevan de nuevo el peso a la pierna de adelante y se acercan otra vez. En este momento el hombre cambia el agarre y desliza el índice de las manos dentro de las palmas de la mujer.

■ ▶ **tiempo, golpe** ▶ **tiempo, paso** ▶ **tiempo, traslade** ▶

● La mujer sostiene el índice
y el dedo del corazón del hombre
entre los dedos pulgar e índice.
La transición se da entre los tiempos
tercero y cuarto cuando los bailarines
juntan las piernas y quedan de frente.

● Los bailarines pueden proceder
entonces con el siguiente paso.
En el primer tiempo del siguiente
compás el hombre da el golpe
con el pie derecho y la mujer
lo da con el izquierdo.

● En el segundo tiempo ambos
bailarines dan un paso atrás, esta
vez soltando las manos de adentro.
El hombre sostiene la mano derecha
de la mujer con la izquierda para
que ella se aleje más.

● En el tercer tiempo llevan el peso
al pie de adelante y en el cuarto
se acercan. El hombre levanta la mano
izquierda al nivel de los hombros.
El giro tendrá lugar en el siguiente
compás.

cambio de agarre, pies juntos ‖ **tiempo, golpe** ▶ **tiempo, paso, suelta** ▶ **tiempo, traslade peso, tiempo, pies juntos** ‖

giro y paso al lado

En esta rutina la mujer gira de derecha a izquierda y de izquierda a derecha, mientras el hombre

da un paso al lado. El paso puede haberse originado como una variante del modelo de América

Latina, pero de alguna manera es más una reminiscencia del baile cortesano de la zarabanda,

en el que la novia danzaba para cortejar a su amante, alejándose y acercándose mientras da vueltas.

● Se paran uno frente al otro. El dedo índice del hombre es sostenido por los dedos pulgar e índice de su pareja. Se da el golpe en el primer tiempo de la música, por el mismo lado en el que la pareja se toma de las manos.

● En el segundo tiempo se da un paso hacia el lado. La mujer se mueve a la derecha y el hombre a la izquierda. El hombre levanta el brazo más arriba del hombro a fin de darle a su pareja espacio para girar por debajo y hacia un lado.

● En el tercer tiempo la mujer comienza a girar, traslada su peso a la pierna izquierda y empuja con la derecha para dar la vuelta. El compañero la sostiene con firmeza.

● Se debe girar sin esfuerzo y con decisión y fluir como si todo el movimiento fuera hecho de manera automática. Se requiere práctica para hacer todo el giro en un solo tiempo, la vuelta debe ser rápida para añadirle emoción.

■ **tiempo, golpe** ▶ **tiempo, paso** ▶ **tiempo, giro** ▶

● El giro casi ha terminado. En el cuarto tiempo del compás los bailarines quedan otra vez frente a frente y juntan los pies. El hombre deja caer la mano al completar el giro y regresar el pie izquierdo hacia el derecho.

● El siguiente giro se da hacia el otro lado, volteando de izquierda a derecha, mientras se da el paso lateral con el pie contrario. Se realiza el golpe en el primer tiempo: el hombre con el pie derecho y la mujer con el izquierdo.

● Los bailarines dan un paso corto hacia un lado en el segundo tiempo del compás. En el tercer tiempo la mujer comienza a girar como antes, pero en la otra dirección. El agarre se mantiene igual durante todo el movimiento.

● Se completa el giro y en el cuarto tiempo juntan los pies. Los bailarines ejecutan un número impar de giros, 1, 3, ó 5. Ello los lleva directamente a la señal para detener el giro, mostrada en las páginas siguientes.

tiempo, pies juntos ‖ **tiempo, golpe** ▶ **tiempo, paso, tiempo, giro** ▶ **tiempo, pies juntos** ‖

señal para detener el giro y acercarse

Esta secuencia muestra la señal para que los bailarines pasen del giro al primer paso básico.

El hombre baja la mano izquierda y busca la cadera izquierda de su pareja.

● Los bailarines están frente a frente, tomados de las manos con un agarre simple, como si fueran a comenzar el giro.

● En el primer tiempo el hombre da el golpe con el pie derecho y la mujer con el izquierdo.

● En el segundo tiempo ambos bailarines dan un paso atrás, pero en lugar de elevar el brazo al nivel de los hombros, el hombre lo deja caer hacia la cadera izquierda de su compañera.

● Ambos trasladan el peso a la pierna de atrás, que debe estar recta. Se levanta la pierna de adelante y en el tercer tiempo el peso se lleva de nuevo a dicha pierna, así se acercan los bailarines.

tiempo, golpe ▶ **tiempo, paso** ▶ **tiempo, traslade peso** ▶

● En el cuarto tiempo los bailarines juntan los pies y quedan mirándose de frente, en contacto, en un agarre cerrado.

● Los movimientos finales de este ciclo de la salsa son espectaculares. El golpe se omite y el primer y segundo tiempos se bailan como uno solo. El hombre da un paso adelante con el pie izquierdo y la mujer da uno atrás con el derecho.

● La pareja entrelaza las rodillas y el hombre se deja caer flexionando ambas rodillas, mientras sostiene firmemente a la mujer alrededor de la cintura. Los bailarines pueden girar un poco la cadera, la mujer a la derecha y el hombre a la izquierda.

● En el tercer tiempo la pareja reasume la posición erguida. Al mismo tiempo, se traslada el peso al pie de atrás y en el cuarto tiempo juntan los pies. Se mantienen muy cerca.

tiempo, pies juntos   ‖   **tiempo, paso, se deja caer**   ▶   **tiempo, posición erguida**   ▶   **tiempo, pies juntos**   ‖

apertura — en pareja

La apertura es otra manera de cambiar de posición al bailar salsa. Es difícil de dominar

y usted y su pareja tendrán que practicar antes de poder ejecutarlo perfectamente y con estilo.

Hay cierto número de movimientos a los lados que pueden incorporarse en la salsa,

y se necesita dominar el movimiento de apertura antes de intentar realizarlos.

● Los bailarines están frente a frente tomados de las manos. En el primer tiempo el hombre da el golpe con su pie derecho y la mujer con el izquierdo.

● Los bailarines llevan el peso a la pierna sobre la que han dado el golpe y, en el segundo tiempo, cada uno da un paso atrás.

● A medida que se separan el hombre suelta la mano derecha. Los bailarines trasladan el peso a la pierna de atrás y el hombre deja caer la mano, hacia adentro, en dirección a la cadera izquierda de la mujer. Ésta es la señal para el giro.

● En el tercer tiempo el hombre hala con la mano izquierda hacia él y describe un semicírculo al frente, en dirección a la cadera derecha de la mujer. De esta manera, le indica a su compañera el movimiento de apertura.

■ ▶ **tiempo, golpe** ▶ **tiempo, paso, tiempo, paso** ▶ **tiempo, señal** ▶

● En el cuarto tiempo los bailarines trasladan el peso otra vez a la pierna de adelante. Se acercan, y giran para quedar mirando al frente. La mano derecha del hombre rodea la cintura de la mujer.

● El siguiente movimiento se inicia dando el golpe con el pie que está afuera. Los bailarines se paran a 90 grados uno con respecto al otro. En el segundo tiempo la mujer da un paso atrás hacia el pie derecho, el hombre da el paso al lado con el izquierdo.

● En el tercer tiempo la mujer gira hacia adentro 180 grados, rotando sobre el pie izquierdo. El brazo de la mujer se dirige hacia la espalda del hombre y el brazo izquierdo de éste va alrededor de la cintura de ella.

● En el último tiempo los bailarines se acercan, la mujer a la izquierda del hombre mira en dirección opuesta y mantiene su brazo sobre el hombro de él. Este movimiento puede ser repetido para un lado o para el otro.

tiempo, pies juntos ❚❚ **tiempo, golpe** ▶ **tiempo, tiempo, giro** ▶ **tiempo, pies juntos** ❚❚

alternando giros *salsa en pareja*

Esta secuencia es la continuación de la rutina de apertura mostrada en las páginas 44 y 45. Ambos bailarines giran 360 grados, primero el hombre y luego la mujer. El hecho de que ambos giros tengan lugar uno después del otro en dos compases añade excitación y movimiento.

Necesitará practicar esta rutina con la pareja para encontrar los momentos oportunos y exactos.

● Los bailarines comienzan a partir de la posición final mostrada en la página 46 con la mujer a la izquierda. En el primer tiempo la mujer da el golpe con el pie izquierdo y el hombre con el derecho.

● En el segundo tiempo el hombre desplaza el peso hacia la derecha. La mujer da un paso atrás y deja sólo el pie izquierdo o la punta apoyados en el piso.

● En el tercer tiempo el hombre gira 360 grados en dirección contraria a la de las manecillas del reloj mientras la mujer traslada el peso al pie derecho y gira 90 grados en la dirección de las manecillas.

● En este compás giran separados y no hay contacto entre ellos. En el cuarto tiempo termina el giro, los bailarines se acercan y se miran. El hombre toma a la mujer de la mano derecha.

● En el siguiente compás el hombre hace que la mujer dé el giro pero él permanece quieto. En el primer tiempo el hombre da el golpe con el pie derecho y la mujer con el izquierdo, normalmente.

● En el segundo tiempo el hombre da un paso al lado izquierdo, mientras la mujer traslada su peso a la pierna derecha y se prepara para el giro.

● En el tercer tiempo la mujer da la vuelta de izquierda a derecha y el hombre levanta las manos para darle espacio al giro y brindarle equilibrio. El agarre no puede ser rígido, ya que éste cambia durante la vuelta.

● En el cuarto tiempo del compás finaliza el giro y los bailarines quedan de nuevo en la posición inicial, mirándose uno al otro.

‖ **tiempo, golpe** ▶ **tiempo, paso** ▶ **tiempo, giro** ▶ **tiempo, pies juntos** ‖

giro por el hombro *salsa en pareja*

A medida que la pieza de baile avanza, aumenta el número de vueltas. El giro por los hombros es una variación sencilla en la que los bailarines se mantienen en contacto durante el movimiento. Comienza con un tipo de agarre diferente, el agarre cruzado, en el que hombre y mujer se toman ambos de la mano derecha.

● Los bailarines se toman de la mano derecha. El dedo índice del hombre es sostenido entre los dedos índice y pulgar de la mujer. En el primer tiempo el hombre da el golpe con su pie izquierdo y la mujer con el derecho.

● En el segundo tiempo el hombre empuja la mano al nivel del hombro hacia la izquierda, como señal, mientras da un paso en esa dirección. La mujer lo iguala dando el paso a la derecha y gira el pie izquierdo para poder girar sobre él.

● En el tercer tiempo el hombre lleva la mano de nuevo a la derecha y la mujer gira 270 grados. La mujer levanta el brazo izquierdo hacia el pecho del compañero y se inclina hacia el brazo de él para no girar de más.

● En el cuarto tiempo los bailarines quedan uno al lado del otro, mirando al frente. La mano del hombre está sobre los hombros de ella y el agarre se conserva durante todo el movimiento.

● En el siguiente tiempo el hombre y la mujer dan el golpe con los pies derecho e izquierdo respectivamente y se preparan para regresar a la posición inicial.

● En el segundo tiempo el hombre da un paso atrás con el pie derecho y la mujer da el paso atrás con el izquierdo. Ella se prepara para girar sobre el pie derecho.

● En el tercer tiempo el hombre eleva el brazo y hala a la mujer hacia él, hace que ella gire en el sentido de las manecillas del reloj. Nuevamente el giro es de 270 grados, con el hombre llevando a la mujer, como se muestra.

● El giro se termina y en el cuarto tiempo la pareja regresa a la posición inicial y se miran.

giro envolvente *en pareja*

Los movimientos del giro por la cintura son similares al realizado por el hombro y la señal para la vuelta se da de la misma forma. La única diferencia es que el hombre conserva las manos a la altura de la cintura y no las levanta a los hombros. Ambos giros son esenciales en una rutina variada de salsa.

● Frente a frente, tomados ambos de la mano derecha, con el dedo índice del hombre entre los dedos pulgar e índice de la mujer. En el primer tiempo se da el golpe, el hombre con el pie izquierdo, la mujer con el derecho.

● En el segundo tiempo el hombre da un paso al lado izquierdo y la mujer al derecho, traslada el peso al pie izquierdo y se prepara para girar.

● En el tercer tiempo el hombre mueve la mano atrás, la cruza a la izquierda, y hace girar a la mujer sobre el pie izquierdo de ella. Los bailarines conservan el agarre y la mano del hombre va alrededor de la cintura de la mujer.

● En el cuarto tiempo los bailarines se acercan. El brazo de la mujer cruza por la espalda y el hombre sostiene la mano de ella a la altura de la cintura.

● Los bailarines dan el golpe en el primer tiempo del siguiente compás, el hombre con el pie derecho y la mujer con el izquierdo.

● En el segundo tiempo el hombre da un paso a la derecha y la mujer a la izquierda. Ella traslada su peso al pie derecho y se prepara para girar de regreso a la posición inicial, en el sentido de las manecillas del reloj.

● En el tercer tiempo la mujer gira de regreso, en el sentido de las manecillas del reloj y el hombre la hace girar, sostiene la mano de ella al nivel de la cintura.

● En el cuarto tiempo el giro finaliza y los bailarines quedan con los pies juntos en la posición inicial, se miran frente a frente, tomados de la mano derecha.

vuelta hacia adentro y hacia afuera

Estos pasos hacen parte de un buen número de bailes latinoamericanos y son parte de su atractivo.

La mujer pareciera envolverse a sí misma entre los brazos de su compañero, para luego hacer

el movimiento a la inversa y apartarse. La secuencia tiene mucho en común con algunos pasos del *jive*.

● La pareja se toma de las manos. El hombre sujeta a su pareja con los dedos índice entre los dedos pulgar e índice de ella. En este momento están un poco apartados.

● El golpe se da en el primer tiempo del compás, la mujer con el pie derecho, el hombre con el izquierdo.

● En el segundo tiempo la mujer da un paso a la derecha, el hombre la sigue moviéndose hacia la izquierda. El hombre levanta la mano izquierda por encima del hombro y la empuja a la izquierda, la sostiene todo el tiempo con la mano derecha.

● En el tercer tiempo la mujer gira en sentido contrario al de las manecillas del reloj sobre su pie izquierdo. Se envuelve bajo el brazo izquierdo de él. En el último tiempo los bailarines quedan pegados y el brazo derecho del hombre alrededor de la cintura de la mujer.

■   ▶   **tiempo, golpe**   ▶   **tiempo, paso**   ▶   **tiempo, envuelve, tiempo, pies juntos**   ▶

● En el primer tiempo del siguiente compás el hombre da el golpe con el pie derecho, la mujer con el izquierdo.

● En el segundo tiempo la pareja da un paso atrás. Conservan el mismo agarre durante los dos primeros tiempos de este compás, y permanecen uno al lado del otro.

● En el tercer tiempo el hombre levanta el brazo izquierdo y la mujer gira hacia afuera sobre el pie derecho. El hombre hace girar a su compañera con la mano derecha y, al mismo tiempo, la sostiene con firmeza con la izquierda.

● El giro se da en un solo tiempo y se debe ejecutar con rapidez. En el último tiempo los bailarines regresan a la posición inicial y se paran enfrentados, tomados de las manos.

merengue

en el sitio *merengue – pasos básicos*

El merengue es el baile nacional de República Dominicana y hoy en día se puede encontrar en todo el Caribe y Latinoamérica.

Es una danza simple, de movimientos sencillos que puede ser bailada por cualquiera, incluso por quienes nunca hayan bailado. Se basa en un ritmo de dos tiempos en el que los bailarines trasladan el peso de un pie al otro.

● Póngase de pie con el peso distribuido uniformemente sobre ambos pies y las manos a la altura de la cintura. El atractivo del baile se basa en la exageración del movimiento de la cadera. El tronco permanece quieto y relajado.

● En este movimiento básico los bailarines permanecen en la misma posición en la pista de baile y trasladan el peso de un pie al otro.

● En el primer tiempo el bailarín levanta la pierna izquierda y desplaza el peso a la derecha. La cadera derecha se mueve hacia el lado, lo que le da al merengue su apariencia típica.

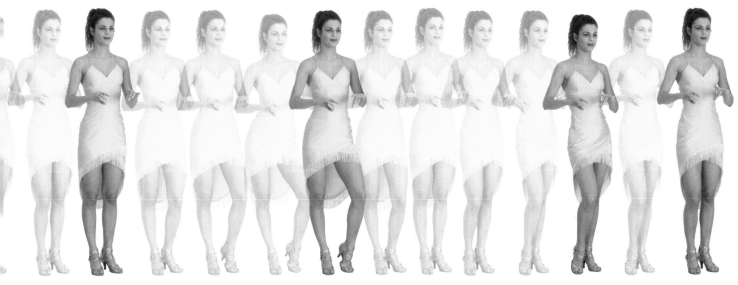

● En el segundo tiempo los bailarines hacen la misma rutina pero a la inversa. El movimiento entre los dos tiempos es suave y la transición se hace sin esfuerzo.

● El peso se ha llevado al pie izquierdo y el bailarín levanta un poco el pie derecho del suelo. Concéntrese en el movimiento de cadera. Éste es más importante que el movimiento de los pies, en realidad escaso.

● La cadera derecha se lanza hacia el lado. En este movimiento básico los bailarines permanecen en el mismo sitio. Se repite el movimiento continuamente, en la misma posición.

● El ciclo fundamental de dos tiempos ha terminado y el bailarín está de nuevo en su posición inicial, con el peso distribuido sobre los dos pies. Este sencillo movimiento es el núcleo de todo el merengue.

desplazamiento — *pasos básicos*

La simplicidad del merengue ofrece muchas posibilidades para experimentar y crear pasos propios. Éste es el paso de desplazamiento básico, atrás y adelante: todos los pasos iniciales son iguales para el hombre y la mujer.

● El primer paso se da con la pierna derecha y el peso apoyado sobre la izquierda, la cadera debe ir hacia afuera. En el siguiente paso se cambia el peso a la pierna derecha y se produce un movimiento de vaivén al darlo: un tiempo por cada paso.

● Se termina el primer paso y comienza el segundo. El principiante debe resistir la tentación de convertir el movimiento en una marcha. Éste es mucho más suave y más seductor.

● El segundo paso se da con la pierna derecha, el peso descansa sobre la cadera izquierda. Así queda completa la secuencia hacia adelante y de inmediato los bailarines van hacia atrás. Note que los pies no se juntan.

■ ▶ **tiempo, paso** ▶ **tiempo, paso** ▶ **tiempo, paso** ▶

● Trate de hacer correctamente el movimiento de vaivén. Al terminar el paso se inicia el desplazamiento hacia atrás. Conserve el peso apoyado en la cadera izquierda y retroceda con la pierna derecha. No cambie de pierna durante retroceso.

● El paso hacia atrás sigue el mismo patrón que el movimiento adelante, pero retrocediendo. En el siguiente tiempo finaliza el paso hacia atrás y el peso se traslada a la cadera derecha.

● El bailarín da el paso atrás con la pierna izquierda y termina así la secuencia adelante, atrás.

● El bailarín está de regreso en la posición inicial, con el peso sobre la cadera derecha y el pie izquierdo desplazado un poco hacia el frente.

el arrastre de pies — *pasos básicos*

El hombre y la mujer hacen el paso de manera contraria.

● Éste es el arrastre de pies hacia adelante y hacia atrás y puede repetirse consecutivamente. El hombre y la mujer lo bailan con la pierna contraria, el paso es el siguiente: adelante, tiempo, atrás, tiempo, se hace pausa con el tiempo y se termina en el mismo sitio.

● La primera parte del arrastre es hacia adelante, el hombre da un paso al frente con el pie derecho y la mujer con el izquierdo. La cadera va al lado y sigue el paso.

● En el siguiente tiempo los bailarines llevan el peso de vuelta, el hombre a la pierna izquierda y la mujer a la derecha.

● En el siguiente tiempo los bailarines arrastran el pie atrás, el hombre con la pierna derecha y la mujer con la izquierda.

● Los bailarines siempre mueven una sola pierna y, en el segundo tiempo del compás, el peso debe haberse trasladado antes de regresar arrastrando el pie. El hombre siempre moverá la pierna derecha y la mujer la izquierda.

● En el merengue es importante tener en cuenta los dos tiempos del compás. Se trata de un baile callejero y su atractivo está en el ritmo constante y en la inercia creada por los bailarines.

● Los bailarines completan el arrastre hacia atrás y vienen de nuevo hacia adelante. Este tipo de paso puede repetirse una y otra vez.

● La secuencia muestra tres pasos. Aquí los bailarines van de nuevo hacia adelante y repiten el primer paso.

tiempo ▶ **tiempo, arrastre** ▶ **tiempo** ▶ **tiempo, arrastre** ▐▐

paso de lado a lado *— pasos básicos*

Éste es otro sencillo paso de merengue que hombres y mujeres bailan de la misma manera. Sigue los dos tiempos rítmicos del compás, paso, tiempo, paso, tiempo, moviéndose de un lado al otro.

● Mantenga las manos a la altura de la cintura al moverse. El primer paso se da hacia la izquierda cuando el peso esté sobre el pie derecho. Dé pasos cortos y deje que las caderas hagan un movimiento de vaivén a la izquierda al terminar el paso.

● Los pies deben tocar el piso en el tiempo del compás. A medida que vaya adquiriendo destreza, esto será cada vez más fácil.

● En el segundo tiempo el bailarín junta los pies. Esta secuencia muestra dos pasos, el primero hacia la izquierda y el siguiente hacia la derecha de regreso.

● El bailarín da un paso a la derecha. Vea cómo el peso se desplaza de un pie al otro en la duración del tiempo.

● El traslado del peso se puede apreciar mejor en el cambio de posición de las caderas del bailarín. Las mujeres deben bailar el merengue con el peso apoyado sobre la parte delantera del pie y a la vez hacer el movimiento sencillo y vigoroso.

● En el segundo tiempo el bailarín junta los pies. Se acostumbra repetir esta rutina algunas veces antes de cambiar de paso.

● El hombre y la mujer bailan estos pasos exactamente de la misma forma. El ritmo básico es: paso, tiempo, paso, tiempo, juntando los pies durante el tiempo.

desplazamiento de lado a lado *básicos*

merengue pasos básicos

El merengue puede bailarse de distintas maneras y la sencillez de los pasos básicos permite a los bailarines exhibir los propios pasos a lo largo y ancho de la pista de baile. Algunos dan varios pasos en cada dirección, se menean con el ritmo y giran para cambiar de dirección.

● Comience desde la posición normal con las manos a la altura de la cintura y el peso sobre el pie derecho. En el primer tiempo se da el paso hacia atrás, corto y simultáneo con su pareja. Los bailarines bajan un poco meciendo las caderas.

● El próximo paso se da en el segundo tiempo. Aquí el peso del bailarín está sobre la pierna y la cadera izquierdas.

● Al terminar el paso el bailarín gira a la derecha apoyándose sobre el pie derecho. El giro se hace en dos movimientos, juntando los pies en la mitad y luego trasladando el peso al pie derecho.

● El giro se divide en dos, cada parte equivale a un giro de 90 grados del bailarín. El primer paso atrás es la segunda parte de la vuelta y se realiza con la pierna derecha mientras el peso se apoya sobre la cadera izquierda.

● El bailarín da un segundo paso con la pierna izquierda para completar la secuencia como se muestra.

● Se completa el segundo paso y el bailarín gira 90 grados para mirar al frente.

● Ahora está en la posición inicial con el peso distribuido uniformemente sobre los pies, listo para continuar con el siguiente paso.

▶ **tiempo, giro, tiempo, paso**   ▶ **tiempo, paso**   ▶ **tiempo, giro**   ▶   ❙❙

la vuelta
merengue – pasos básicos

Las vueltas son parte importante de muchas de las rutinas de merengue y son marcadas por los dos tiempos rítmicos del compás. Cada vuelta de 360 grados dura un compás: media vuelta en el primer tiempo, media vuelta en el segundo. Se vuelve un movimiento intenso que puede acentuarse por el balanceo de los bailarines mientras cambian de posición y trasladan el peso.

● La posición inicial para la vuelta de 360 grados es con los pies separados, el peso sobre la pierna derecha, la cadera hacia un lado. En el primer tiempo del compás traslade el peso hacia la izquierda y gire.

● Recoja el pie derecho haciendo un círculo. Baje el pie y póngalo detrás del izquierdo. En este momento ya habrá completado 180 grados de la vuelta.

● En el segundo tiempo desplace el peso a la pierna derecha y levante la izquierda. Balancéese hacia atrás con esta pierna para completar la vuelta. Al final del giro traslade el peso a la pierna izquierda.

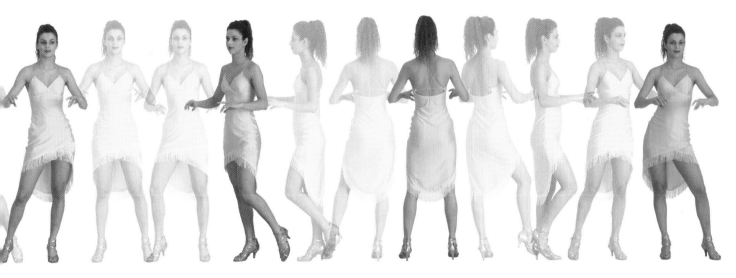

● Luego se repite la vuelta en la dirección opuesta. Esta vez, en el primer tiempo, traslade el peso a la pierna derecha y balancéese girando a la izquierda.

● Necesita conservar el peso apoyado sobre la punta del pie derecho y la rodilla levemente flexionada.

● Los bailarines casi han terminado la primera parte de la vuelta. Puede llegar a ser necesario equilibrar el cuerpo levantando los brazos hacia los lados. El ritmo frenético de la música le da más impulso al movimiento.

● En el segundo tiempo del compás la pareja traslada el peso a la izquierda, la pierna derecha se eleva y se balancea girando hacia atrás. La vuelta se termina con el peso cargado sobre el lado derecho.

secuencia básica, en el mismo sitio

El merengue se baila en pareja. Es un ritmo que requiere de un contacto cercano y la pareja debe traerse mucho más cerca que cuando se baila salsa. Ello facilita que el ritmo de la música fluya a lo largo del cuerpo de los bailarines y que los movimientos sean sincronizados.

● En el merengue los movimientos del bailarín son el reflejo de los de su pareja. Esta secuencia muestra el movimiento básico en el sitio, ilustrado de forma individual en las páginas 56 y 57.

● En el primer tiempo el hombre lleva el peso a la derecha y la mujer a la izquierda. La rodilla derecha de la mujer y la izquierda del hombre se doblan durante la ausencia de peso.

● En el segundo tiempo el peso de los bailarines se lleva al pie contrario. Nótese la pronunciada oscilación de las caderas.

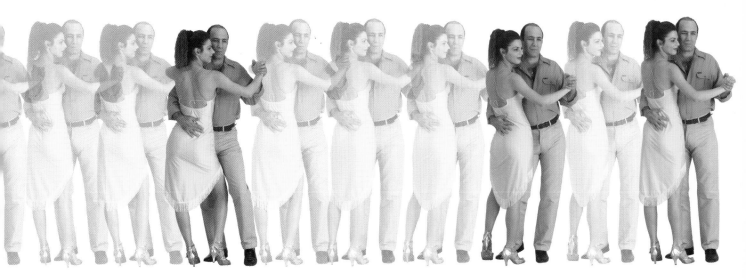

● En el siguiente tiempo el peso vuelve a trasladarse. La rodilla de la mujer se levanta entre las piernas del hombre, de manera que los bailarines parecen moverse como uno solo.

● Durante el baile las manos se mantienen bien arriba, a la altura de los hombros del hombre. Esto añade estilo y precisión al baile.

● En el siguiente tiempo los bailarines desplazan de nuevo el peso, la mujer a la derecha y el hombre a la izquierda. Éste es el movimiento de apertura que precede todas las variaciones y movimientos del merengue.

● La música cesa y la secuencia de derecha, izquierda, derecha, izquierda finaliza. Los bailarines asumen la posición inicial y el agarre de las manos cae hacia la cintura.

▶ **tiempo, traslade**   ▶ **tiempo, traslade**

separación
merengue – en pareja

Hasta ahora hemos cubierto movimientos en los que los bailarines están juntos, moviéndose al ritmo del merengue. Sin embargo, gran parte de este baile involucra movimientos individuales para el hombre y la mujer, y esta secuencia muestra los pasos para que la pareja se separe y comience estas rutinas.

● La pareja comienza mirándose, usa el agarre cerrado normal. Los pies de los bailarines están juntos.

● En el primer tiempo el hombre traslada el peso a la derecha y la mujer a la izquierda, el pie contrario se levanta levemente del piso, como se muestra. En el segundo tiempo los bailarines trasladan el peso hacia el otro lado.

● Al mismo tiempo ambos bailarines dan un paso corto atrás, el hombre con la pierna derecha, la mujer con la izquierda. El hombre quita la mano derecha de la cintura de la mujer.

■   ▶ **tiempo, traslade**   ▶ **tiempo, paso**   ▶

● La pareja extiende los brazos y hace un agarre doble. Simultáneamente, en el siguiente tiempo del compás, trasladan el peso al otro lado. Los bailarines están ahora a dos pasos de distancia.

● Los bailarines retoman la secuencia básica en el sitio. Ahora se toman a un brazo de distancia.

● El ritmo de la música se hace ahora más evidente. Los movimientos de los bailarines son reflejo de los de la pareja y fluyen de manera simultánea con la música, dándole al baile una cualidad hipnótica.

● La separación es el preludio de varios movimientos de merengue, y debe realizarse con precisión y ostentación.

tiempo, brazos extendidos ‖ **tiempo, traslade** ▶ ▶ **tiempo, traslade** ‖

desplazamiento de lado a lado

Éste es uno de los movimientos más atractivos del merengue. Superficialmente no parece más que un simple desplazamiento de lado a lado, pero al bailar la música con sentimiento, ritmo y elegancia, representa las distintas fases de una relación.

● Los bailarines comienzan mirándose, tomados de las manos como se muestra. El hombre tiene apoyado su peso sobre el pie derecho, la mujer sobre el izquierdo.

● En el primer tiempo el hombre traslada el peso a la izquierda y levanta el pie derecho. Luego da un paso adelante hacia la pareja y pone el pie derecho al lado del pie derecho de ella, por fuera.

● Al mismo tiempo, la mujer da un paso hacia la pareja con el peso hacia la derecha. En el siguiente tiempo los bailarines trasladan el peso al pie contrario y se balancean girando 90 grados como se muestra.

● En el otro tiempo ambos bailarines dan un paso en sentido contrario y se completa la vuelta. Los bailarines quedan frente a frente luego de haber girado 180 grados.

● Se repite la vuelta en la dirección opuesta. En el primer tiempo del compás el hombre da un paso con el pie izquierdo, para sacarlo junto al pie izquierdo de la pareja.

● La mujer da un paso con el pie derecho hacia el pie izquierdo del hombre. Es importante dar estos pasos siguiendo la música y trasladando el peso de lado a lado como si la pareja estuviera bailando en el mismo sitio.

● La ilustración muestra el balanceo y movimiento del baile. La pareja completa el primer paso de la segunda vuelta y el segundo paso los lleva de nuevo a la posición inicial, mirándose de frente.

● Observe que los bailarines no se desplazan del sitio de partida al ejecutar estas vueltas. Los movimientos se dan en una dirección y luego en la otra, es la esencia del merengue.

giro de la mujer — en pareja

Este movimiento es una reminiscencia de una variedad de giros de salsa, pero el compás de dos tiempos del merengue marca la diferencia. Necesitará practicar esto con su pareja.

● Se paran uno frente al otro tomados de las manos. El hombre lleva el peso sobre la pierna derecha, la mujer sobre la izquierda.

● En el primer tiempo el hombre lleva la mano izquierda más arriba de su cabeza para darle espacio al giro de la mujer. Simultáneamente los bailarines trasladan el peso a la pierna contraria, el hombre a la izquierda y la mujer a la derecha.

● En el siguiente tiempo los bailarines trasladan el peso otra vez a la pierna opuesta y la mujer comienza a girar apoyándose en la pierna izquierda. El hombre suelta la mano derecha y ayuda a girar a su pareja con la izquierda.

● La mujer levanta la pierna derecha al comenzar el giro. Al mismo tiempo se inclina un poco y lleva el peso adelante para poder girar sobre la punta del pie izquierdo.

tiempo, traslade peso ▶   **tiempo, traslade peso, giro** ▶

● El giro se completa en dos tiempos. La mujer se mantiene sobre la pierna izquierda durante todo el movimiento, pero el hombre traslada el peso de izquierda a derecha y luego al contrario, al ritmo de la música.

● El giro está casi completo. La rotación requiere de cierta fuerza y el hombre baja la mano un poco para ayudar a la pareja a terminar el movimiento.

● La vuelta se termina y los bailarines están de nuevo en la posición inicial, mirándose frente a frente. El hombre lleva el peso sobre la pierna derecha y la mujer sobre la izquierda.

● La mujer conserva la mano izquierda al nivel de la cintura. En el último tiempo la pareja junta los pies y vuelve a tomarse de las manos.

acercarse, finalizar y empezar

Esta secuencia muestra el final de una pieza de baile, cuando los bailarines terminan juntos en agarre cerrado.

● Los bailarines se miran frente a frente, el hombre toma la mano derecha de su pareja con la izquierda. El agarre es suave.

● En el primer tiempo los bailarines trasladan el peso y levantan las piernas antes de dar un paso atrás. El hombre levanta la pierna derecha y la mujer lo imita con la izquierda.

● Los bailarines se separan. Ambos estiran los brazos y ahora éste es el único contacto entre ellos.

● En el siguiente tiempo del compás los bailarines trasladan el peso a la pierna de atrás. La mujer lanza las caderas al lado izquierdo y el hombre al derecho. Los brazos que están libres deben estar doblados con las manos a la altura de la cintura.

| ■ | ▶ | tiempo, traslade peso | ▶ | tiempo, paso | ▶ | tiempo, traslade peso | ▶ |

● Los bailarines trasladan el peso de nuevo al pie de adelante en el siguiente tiempo, como se muestra, y se juntan. La mujer levanta el brazo izquierdo y pone la mano sobre el hombro de su pareja.

● El hombre coloca la mano derecha alrededor de la cintura de su pareja, trayéndola hacia él.

● Mientras la pareja ejecuta el paso hacia adelante el hombre pone la rodilla derecha entre las piernas de su pareja, la mujer saca la pierna izquierda por fuera de la derecha del compañero.

● En el siguiente tiempo los bailarines trasladan el peso al lado contrario y la mujer eleva la pierna derecha, de manera que quede entre las piernas del compañero. La secuencia termina con los dos juntos en un agarre cerrado.

tiempo, paso adelante ▶ ▶ **tiempo, pies juntos** ▶ **tiempo, pies juntos** ‖

vuelta hacia adentro y hacia afuera

Esta vuelta es una emocionante variante que añade mucho movimiento al baile. Es importante

conservar el ritmo básico del merengue; éste se puede perder con facilidad por las dificultades

del movimiento. Vea la secuencia con cuidado antes de ponerla en práctica.

● Empiece mirando a su pareja. El hombre toma la mano izquierda de la mujer con su diestra. En el primer tiempo los bailarines comienzan con el ritmo básico del merengue, el hombre a la derecha mientras que la mujer da un paso hacia la izquierda.

● En el siguiente tiempo la mujer gira 180 grados sobre la pierna izquierda, conserva el agarre y gira hacia la pareja para terminar uno al lado del otro, como se muestra.

● En el siguiente tiempo los bailarines se mueven hacia atrás, el hombre desplaza el cuerpo a la pierna derecha y luego se balancea para girar. La mujer también rota sobre la pierna derecha. El agarre sigue igual.

● En el siguiente tiempo el hombre lleva el peso al lado izquierdo y la mujer le sigue, trasladando el suyo al mismo lado.

■ **tiempo, traslade peso** ▶ **tiempo, giro** ▶ **tiempo, atrás** ▶ **tiempo, traslade peso** ▶

● Todo el movimiento se ejecuta
dando una serie de pasos, con el hombre
"caminando" alrededor y la mujer
dando pasos atrás y girándo, para
mantenerse al mismo nivel que
su pareja, con el brazo izquierdo
a través del cuerpo.

● La pareja gira 360 grados.
En el siguiente tiempo el hombre
traslada el peso a la izquierda
y la mujer empieza a girar hacia afuera
360 grados, apoyada sobre el pie
izquierdo.

● Observe que los bailarines
mantienen el estilo y paso
del merengue, trasladan el peso
en cada tiempo del compás. Ello
le da a la vuelta una apariencia de
balanceo y ritmo.

● Se completa la última vuelta
y la pareja regresa a la posición inicial.
Dominar este movimiento requiere
de práctica.

paso al lado en pareja

El merengue es el baile de las islas del Caribe y de República Dominicana. En el siglo XX

pasó de ser un baile nativo a un baile popular en salones y clubes de baile.

● Esta secuencia muestra el paso al lado en pareja. Éste es uno de los movimientos de baile de salón que adoptó el merengue a comienzos del siglo XX, cuando el baile de salón se hizo popular.

● Comience a partir de un agarre cerrado. En el primer tiempo del compás el hombre traslada el peso a la derecha y la mujer a la izquierda.

● En el segundo tiempo, mientras los bailarines desplazan el peso hacia el pie contrario, el hombre saca el pie a un lado, como se muestra. La mujer lo hace a la izquierda y la pareja rota 90 grados.

● La pareja vuelve a dar un paso en el siguiente tiempo, cuando los bailarines trasladan su peso a la izquierda y derecha, respectivamente. En el siguiente tiempo el hombre da otro paso a la izquierda y la mujer gira sobre el mismo sitio.

■ ▶ **tiempo, traslade peso** ▶ **tiempo, paso** ▶ **tiempo, paso, tiempo, paso** ▶

● Los bailarines trasladan el peso de nuevo durante el tiempo y en el siguiente giran otra vez hacia la izquierda. El hombre en realidad camina alrededor de la pareja en cada tiempo del compás, y la mujer gira con él.

● El movimiento hace que los bailarines den un giro de 180 grados. Cuando se completa la primera vuelta, se devuelven y llevan el paso al lado en la dirección opuesta.

● La vuelta se puede realizar a gusto de la pareja, ya sea un giro vigoroso, vuelta y regreso, o más despacio, dando varios pasos para completarla.

● La secuencia concluye y los bailarines se miran frente a frente. Observe cómo se mantiene el contacto durante el movimiento, da la impresión de que los dos son uno solo.

la mujer alrededor del hombre

Éste es otro complicado movimiento de merengue en el que la mujer se mueve alrededor de su pareja

y luego vuelve a él. El hombre mira en la misma dirección y espera el regreso de ella.

● Los bailarines están frente a frente con un agarre sencillo, el hombre toma la mano derecha de la mujer con la izquierda.

● En el primer tiempo el hombre da un paso hacia adelante, saca la mano a la izquierda y pasa el brazo derecho por encima del hombro izquierdo de su pareja. La mujer da un paso a la izquierda y suelta la mano derecha.

● En el siguiente tiempo el hombre conduce a la mujer detrás de él, ella da un paso dando la vuelta al rededor de él, y conserva el peso sobre la pierna izquierda.

● El hombre da un paso a la izquierda, y la mujer termina su movimiento y pasa la mano derecha debajo del brazo izquierdo de él, como se muestra. El hombre continúa mirando en la misma dirección, la mujer ha girado 180 grados.

● En el siguiente tiempo el hombre hala a la mujer llevándola hacia el frente y ella comienza a bailar y a girar de nuevo. La mano izquierda del hombre sube al hombro derecho de la mujer, para hacer que gire 180 grados.

● En el siguiente tiempo se completa la vuelta. Los bailarines giran, se miran uno al otro, sostienen la mano izquierda con la derecha, con un agarre sencillo.

● Luego bailan para ejecutar la secuencia de las páginas 76 y 77 para finalizar la rutina. En el primer tiempo llevan otra vez el peso al pie de adelante y la mujer pone la mano alrededor del cuello de su pareja.

● El hombre atrae a la mujer hacia él con la mano alrededor de la cintura de ella, y se aproxima haciendo el agarre cerrado para completar la rutina.

tiempo, al frente ▶ **tiempo, frente a frente** ▶ **tiempo, traslade peso** ▶ **tiempo, pies juntos** ‖

el abrazo

merengue — en pareja

El abrazo es otro intrincado paso del merengue que le añade picante al baile. El efecto en la pista es el de la mujer que envuelve al hombre, quien gira alejándose y luego regresa al final del movimiento.

● Los bailarines se paran frente a frente tomados de las manos con naturalidad. En el primer tiempo trasladan su peso a la pierna izquierda y derecha respectivamente, y el hombre levanta la mano derecha y lleva a la mujer detrás de él.

● En el siguiente tiempo, mientras se traslada el peso al otro pie, la mujer da un paso atrás del hombre, quien mueve el brazo derecho cruzándolo a la izquierda. El brazo de la mujer pasa por encima de la cabeza de él.

● El siguiente tiempo lleva a que la mujer dé la vuelta detrás del hombre. Él mira al frente y la pareja se toma de las manos con los brazos del hombre cruzados, el brazo izquierdo a la altura de la cintura y el derecho al nivel del hombro, como se muestra.

● En el siguiente tiempo, el hombre comienza a alejarse y gira en el sentido de las manecillas del reloj. La mujer lo sigue con el paso de desplazamiento.

▪ **tiempo, brazo arriba** ▶ **tiempo, detrás, tiempo, por encima** ▶ **tiempo, detrás** ▶ **tiempo, el hombre gira** ▶

● Se puede girar y girar con este movimiento tanto como lo desee la pareja. Para concluirlo, el hombre estira el brazo derecho, la mujer suelta el brazo derecho, y va hacia adelante moviéndose alrededor.

● Lleva tres tiempos ejecutar este movimiento y la pareja queda mirándose uno al otro con un agarre sencillo.

● La pareja realiza ahora el giro de la mujer de las páginas 74 y 75, para terminar. En esta secuencia la mujer gira en el sentido de las manecillas del reloj, debajo del brazo izquierdo del hombre.

● En el siguiente tiempo la pareja otra vez se mira, se toman de las manos, como se muestra arriba. Éste es uno de los movimientos más populares del merengue.

giro por el hombro — *en pareja*

El giro por el hombro tiene mucho en común con el abrazo mostrado en la página anterior, pero el movimiento es más suelto y los bailarines se apartan más. Los pasos tienen mucha semejanza a los bailes de salón y este movimiento se puede rastrear hasta la segunda mitad del siglo XX, cuando los bailes de salón se hicieron populares, y el merengue adoptó varios de sus pasos.

● Los bailarines están uno frente al otro con las manos cruzadas, derecha con derecha, con la mano izquierda abajo.

● Los bailarines mecen las caderas en el primer tiempo y en el segundo la mujer gira en el sentido de las manecillas del reloj, las dos manos del hombre pasan sobre la cabeza de ella mientras gira.

● En el siguiente tiempo la mujer sigue girando. En este momento el hombre pasa el brazo izquierdo por encima de la cabeza, el brazo izquierdo de la mujer descansa detrás de los hombros de él. La mujer ha girado 360 grados.

● Durante el siguiente tiempo la pareja se aleja meciendo las caderas y dando el paso al lado, la mujer va atrás del hombre. La mano derecha de ambos se levanta más arriba de los hombros, lo que le da el nombre al movimiento de giro por el hombro.

■ **tiempo, derecha** ▶   **tiempo, giro** ▶   **tiempo, giro, a lo largo** ▮▮ **tiempo, a lo largo** ▶

● Los bailarines dan un segundo paso hacia los lados, y se desplazan en dirección opuesta. La mujer se ha trasladado del lado derecho al izquierdo. El brazo izquierdo de él está ahora estirado a lo largo del pecho de ella.

● Los dos levantan el brazo derecho y pasan ambos brazos de nuevo sobre la cabeza del hombre, quedan frente a frente en el agarre cruzado.

● Para concluir el movimiento la mujer gira en el sentido de las manecillas del reloj, por debajo de las manos derechas y gira 360 grados. La pareja sigue tomada de las manos durante el giro.

● El giro termina cuando la mujer pasa por debajo del brazo izquierdo de ambos. La pareja llega a mirarse frente a frente y retoma el agarre normal antes de comenzar la siguiente rutina.

tiempo, paso ‖ **tiempo, levanten brazos** ▶ **tiempo, giro** ▶ **tiempo, frente a frente** ‖

el resorte

El resorte es un movimiento exótico de merengue en el cual los bailarines se acercan, tocándose,
y luego se apartan. El movimiento de los brazos destaca más este paso del baile.

● Los bailarines se paran frente
a frente tomados de las manos.
En el primer tiempo trasladan el peso,
el hombre a la derecha y la mujer
a la izquierda.

● En el siguiente tiempo los bailarines
dan un paso atrás, con los brazos
extendidos. Las manos se dejan caer
a la altura de la cintura.

● Los bailarines llevan de nuevo
el peso a la pierna del frente en el
siguiente tiempo y dan un paso
adelante. El hombre alza los brazos a
la altura del pecho y hala a la mujer
hacia él.

● En el siguiente tiempo los bailarines
dan un paso juntos y levantan los
brazos arriba de las cabezas. La rodilla
derecha del hombre queda entre
las piernas de la mujer y en el siguiente
tiempo la rodilla derecha de la mujer
va entre las piernas del hombre.

■ **tiempo, traslade peso** ▶ **tiempo, atrás** ▶ **tiempo, adelante** ▶ **tiempo, arriba** **II**

● En el siguiente tiempo los bailarines se apartan y bajan las manos, repitiendo la rutina. Esto puede hacerse tantas veces como la pareja lo desee.

● Los bailarines están a dos pasos de distancia con los brazos extendidos. Para concluir la rutina el hombre impulsa al aire los brazos de la mujer, soltando ambas manos.

● Cuando la pareja da un paso para juntarse, el hombre pone la mano derecha alrededor de la cintura de ella y saca la mano izquierda al lado. La mujer deja caer la mano derecha sobre la izquierda de su compañero, y asume un agarre cerrado.

● En el siguiente tiempo los bailarines se apartan y quedan frente a frente tomados de las manos en un agarre normal.

lambada

paso adelante y atrás *pasos básicos*

La lambada maneja
un compás de tres tiempos
con el siguiente ritmo:
rápido, rápido, lento.
El primer tiempo
se hace en el sitio,
con los movimientos
adelante y atrás.

● A diferencia de la salsa y el merengue, la lambada se baila con todo el cuerpo y se hace énfasis en el movimiento de vaivén con la cabeza de la mujer. En el primer tiempo los bailarines dan un paso adelante con el pie izquierdo, con las caderas hacia la izquierda.

● El segundo tiempo rápido es otro paso adelante, esta vez con el pie derecho se mece hacia afuera la cadera derecha. Los brazos se mantienen al nivel de la cintura. El paso se completa y los bailarines se mueven ahora hacia atrás con el pie izquierdo.

● Esta vez el tiempo y el movimiento son lentos. El movimiento sensual de la lambada se acentúa con los pasos ondulantes de los bailarines y los movimientos de brazos que se le agregan.

■ **rápido, paso** ▶ **rápido, paso** ▶ **lento, paso atrás** ❚❚

● La lambada era conocida como el baile prohibido. Procede de una variedad de ritmos latinoamericanos y toma su nombre de las ''lambaterías'', pequeños bares y cafés en los que la gente bailaba.

● El siguiente paso es un corto movimiento hacia atrás con el pie derecho. El tiempo es rápido. Las mujeres siempre bailan lambada sobre las puntas de los pies con las rodillas flexionadas, el hombre baila apoyando todo el pie.

● La bailarina se mueve de nuevo hacia atrás, esta vez sobre el pie izquierdo. El movimiento de cadera sigue hacia afuera, a la izquierda. Es lo contrario del merengue, en donde los movimientos de piernas y caderas van en dirección contraria.

● Ella da un paso adelante para finalizar el movimiento básico en el tiempo lento. Los principiantes deben practicar estos pasos hasta dominar el ritmo del baile.

▶ **rápido, paso**   ▶ **rápido, paso**   ▶ **lento, paso adelante**   ‖

en el sitio

lambada – pasos básicos

Aunque la lambada sea
un baile de ritmo y movimiento,
los pasos básicos son simples.
Es importante dominar la rutina;
bailando en el mismo sitio
es cuando los bailarines pueden
empezar a fundir sus cuerpos.
Se usan estos movimientos
como preludio al clímax
de la danza.

● En el primer tiempo la bailarina traslada el peso a la derecha con las caderas hacia el mismo lado.

● En el segundo tiempo del compás se traslada el peso de nuevo y la cadera se cruza. Esto ayuda a la bailarina a producir un movimiento marcado de lado a lado, uno tras otro, en rápida sucesión.

● Observe que en esta secuencia básica la bailarina permanece en el mismo sitio durante el movimiento. El ritmo se marca sólo cambiando el peso con el movimiento de las caderas y del cuerpo.

● En el tercer tiempo del compás la bailarina disminuye la velocidad. Levanta la rodilla derecha y se hace el traslado de peso de manera más evidente.

● Esta rutina básica se repite con el otro lado. Esta vez la primera transferencia del peso se da a la izquierda.

● El traje usual para la lambada es una falda corta para la mujer y pantalones ajustados para el hombre. Esto ayuda a exhibir al máximo los movimientos.

● En el segundo tiempo rápido del compás los bailarines desplazan el peso otra vez al lado derecho, seguido por un movimiento lento, que trae el peso de regreso a la izquierda. Observe lo alto que levantan la rodilla en este paso.

● Esta secuencia finaliza y los bailarines asumen de nuevo la posición inicial, con el peso sobre el pie derecho.

▶ **rápido**   ▶ **rápido**   ▶ **lento**   ‖

paso al lado

lambada – pasos básicos

Hay una buena cantidad de pasos a los lados al bailar lambada, así como los hay en la salsa y el merengue. Los tres tiempos del compás de la lambada son ideales para lograr estos rítmicos movimientos, y le proporcionan ímpetu e interés.

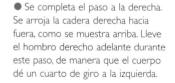
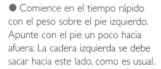
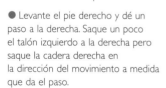

● Comience en el tiempo rápido con el peso sobre el pie izquierdo. Apunte con el pie un poco hacia afuera. La cadera izquierda se debe sacar hacia este lado, como es usual.

● Levante el pie derecho y dé un paso a la derecha. Saque un poco el talón izquierdo a la derecha pero saque la cadera derecha en la dirección del movimiento a medida que da el paso.

● Se completa el paso a la derecha. Se arroja la cadera derecha hacia fuera, como se muestra arriba. Lleve el hombro derecho adelante durante este paso, de manera que el cuerpo dé un cuarto de giro a la izquierda.

● Los brazos siguen el movimiento, en el tiempo lento, y se mueven de nuevo a la izquierda. El movimiento continúa a medida que vuelven a la posición inicial, con la mirada al frente.

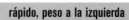 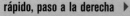

● El paso al lado se repite luego a la inversa. Esta vez los bailarines trasladan el peso al pie derecho en el primer tiempo del compás.

● En el segundo tiempo, los bailarines dan el paso a la izquierda. El pie izquierdo se levanta y el talón derecho apunta a la izquierda.

● Luego los bailarines dan un paso de nuevo a la derecha en el tiempo lento. Vea cómo gira el cuerpo en la dirección del paso y se conserva la cadera bien afuera a la izquierda. Ello da a la lambada una apariencia sensual.

● Se completa la segunda secuencia y el bailarín está mirando al frente. La secuencia muestra que las rodillas están sueltas, algo que es necesario para ejecutar esta danza con verdadero estilo.

apertura lambada – pasos básicos

La secuencia muestra los pasos básicos para la apertura, en la que los bailarines cambian el desplazamiento de una dirección a otra. Se muestra la diferencia fundamental entre la lambada, la salsa y el merengue. La posición del bailarín es mucho más suelta, el cuerpo debe estar flexible y dócil, y todo el sentimiento de la danza es más vivo.

● Para comenzar, apoye el peso sobre ambos pies, las rodillas un poco dobladas y el pie izquierdo al frente. En el primer tiempo del compás gire el pie izquierdo a la derecha y lleve el peso a la izquierda, lanzando la cadera al mismo lado.

● En el siguiente tiempo dé un paso atrás con el pie derecho y traslade el peso lanzando la cadera derecha hacia la derecha. Gire alejándose un poco mientras hace el movimiento como si el cuerpo estuviera siguiendo el pie.

● En el tercer tiempo lleve el peso otra vez al pie izquierdo y haga un círculo con el derecho, de manera que quede de nuevo mirando al frente.

▶ **rápido, peso a la izquierda** ▶ **rápido, paso atrás** ▶ **lento, pies juntos** **11**

● Se repite la secuencia al otro lado. En el primer tiempo rápido del compás, gire el pie izquierdo a la derecha y luego traslade el peso a la derecha sacando la cadera al lado donde desplaza el peso.

● En el segundo tiempo dé un paso atrás con el pie izquierdo y dirija el peso a la izquierda. El cuerpo gira casi 90 grados, como se muestra.

● En el tiempo lento el pie derecho gira alrededor del izquierdo y el peso se lleva hacia la izquierda.

● Como se muestra arriba, los bailarines giran sobre el pie derecho en este movimiento y quedan mirando al frente, con el peso cargado a la derecha y con la cadera derecha hacia afuera.

▶ **rápido, peso a la derecha**   ▶ **rápido, paso atrás**   ▶   **lento, pies juntos**   **II**

giro de la cabeza para la mujer *básicos*

lambada pasos

La esencia de la lambada es que la mujer siga al hombre como si fuera "arcilla entre sus manos".

Una de las maneras como la mujer muestra su independencia es adornando el movimiento con giros de cabeza.

● Los pasos de esta rutina siguen los movimientos de la apertura mostrados en las páginas 98 y 99. En el primer tiempo el peso va sobre la pierna izquierda, y se saca la cadera izquierda hacia el lado. La bailarina gira lentamente a la derecha.

● En el segundo tiempo se da un paso atrás con el pie derecho y el cuerpo de la bailarina gira 180 grados. El peso está sobre el pie derecho, con la cadera del mismo lado hacia afuera. La cabeza se inclina sobre el hombro derecho.

● En el tiempo lento la bailarina pasa el peso al pie izquierdo y deja caer la cabeza hacia adelante, como se muestra. Ella gira el cuerpo alejándose y junta los pies, se queda mirando a lo lejos.

● La cabeza de la bailarina sigue hacia adelante. En el siguiente tiempo el peso se traslada a la derecha y luego a la izquierda, da un paso atrás y gira la cabeza al mismo tiempo.

■ **rápido, peso a la izquierda** ▶   **rápido, paso atrás** ▶   **lento, cabeza abajo** ▶   **rápido, rápido, giro de cabeza** ▶

● En el tiempo lento ella regresa a la posición inicial pero mantiene la cabeza abajo. La secuencia se repite entonces al otro lado. Tiempo rápido, peso a la izquierda.

● En el segundo tiempo rápido la bailarina da un paso atrás con la pierna derecha, se mece y da la vuelta, gira la cabeza de derecha a izquierda. La velocidad de la música le da impulso y dramatismo a este paso.

● Observe cómo es la posición de las caderas en este movimiento. En el tiempo lento la bailarina lleva el peso sobre la izquierda, con la cadera izquierda hacia fuera, y levanta la cabeza.

● La secuencia termina y la bailarina regresa a la posición inicial, con el peso apoyado sobre la pierna derecha.

el giro — lambada – pasos básicos

La lambada proviene de Brasil, donde se desarrolló, aunque su origen exacto es incierto. Su popularidad ha crecido en Europa y el resto del mundo durante los últimos 20 años. La vuelta o giro básico es uno de los movimientos más innovadores.

● El giro es fácil de realizar. La secuencia muestra dos vueltas completas: la primera en el sentido contrario a las manecillas del reloj, y la segunda en el sentido de las manecillas. Como todos los movimientos de lambada, puede ejecutarse en cualquier sentido.

● En el primer tiempo rápido el bailarín traslada el peso a la izquierda y saca la cadera izquierda. En el segundo tiempo da un paso corto hacia la derecha.

● El paso a la derecha se completa y el peso está sobre la cadera derecha. Durante el tiempo lento los bailarines dejan caer los hombros derechos y aprovechan el impulso para dar un giro de 360 grados, como se muestra.

● La vuelta se completa antes del primer tiempo del siguiente compás. El bailarín gira sobre la punta del pie izquierdo.

■ ▶ **rápido, peso a la izquierda, rápido, paso** ▶ **lento, giro** ▶

● Se completa el giro en el sentido contrario al de las manecillas del reloj y la secuencia se repite, esta vez girando en el sentido de las manecillas.

● En el primer tiempo rápido el peso se traslada a la derecha con la cadera hacia afuera. En el segundo tiempo el bailarín da un paso corto a la izquierda y al mismo tiempo deja caer su hombro izquierdo.

● El comienzo del giro se da en el tercer tiempo. Esta vez los bailarines rotan sobre el pie derecho, y giran en el sentido de las manecillas del reloj.

● El giro se completa y se regresa a la posición inicial, mirando al frente. Muchos de los movimientos de lambada incluyen este giro de varias maneras.

pies juntos ‖ ▶ **rápido, peso a la derecha, rápido, paso** ▶ **lento, giro** ‖

el paso largo

lambada – pasos básicos

Otra influencia del desarrollo de la lambada provino de la música del Caribe. Los tambores metálicos y las guitarras eléctricas agregaron esa experiencia musical única al ritmo de la lambada. También hay rastros de antiguos bailes españoles, y ciertos acentos flamencos que se pueden ver en algunos movimientos. El paso largo básico en el que los bailarines se mecen hacia atrás muestra alguna influencia.

● Con el peso sobre el pie derecho y la cadera hacia adelante, dé un paso largo con la pierna izquierda hacia el frente, a la derecha. Saque los brazos para equilibrarse. Mientras la cadera se mueve hacia adelante, balancéese hacia atrás arqueando la espalda.

● En el segundo tiempo rápido los pies se juntan. En el tercer tiempo lento se traslada el peso a la pierna izquierda y al mismo tiempo se hace un giro de 180 grados a la izquierda para mirar en la dirección opuesta.

● Se repite la secuencia mirando al otro lado. El primer paso en el primer tiempo rápido se da con la pierna derecha.

■ **rápido, paso** ▶ **rápido, pies juntos** ▶ **lento, giro** ❚❚ ▶

● Dé otra vez un paso tan largo
como le sea posible y balancéese
hacia atrás mientras la cadera
se proyecta hacia adelante. El impulso
del paso le ayudará a conservar
el equilibrio.

● Cuanto más atrás pueda doblarse,
mayor energía exhibirá el baile.
Mantenga los brazos extendidos
para conservar el equilibrio.

● En el segundo tiempo rápido
se juntan las piernas como antes.
Mientras traslada el peso a la derecha,
el tiempo lento del compás será
la señal para comenzar el giro.
Esta vez se gira a la derecha.

● A todos los bailarines les será
de ayuda dejar caer un poco
los hombros a medida que se empieza
a girar. El impulso los llevará entonces
180 grados de vuelta a la posición
inicial.

adelante y atrás — *en pareja*

En la lambada el hombre dirige y la mujer lo sigue. La pareja se debe mover como si fueran uno solo.

● En la lambada los dos bailan muy cerca y el hombre lleva el paso. Los movimientos de uno son el reflejo de los del otro. El movimiento básico adelante y atrás sigue la secuencia mostrada en las páginas 92 y 93.

● En el primer tiempo rápido el hombre da un paso corto hacia adelante con el pie izquierdo, con la cadera afuera hacia la izquierda. En el segundo tiempo da un paso adelante con la pierna derecha. La rodilla está entre las piernas de la mujer.

● En el tercer tiempo lento los bailarines vuelven a la posición original, el hombre da un paso atrás con la pierna izquierda y la mujer hacia adelante. La rodilla derecha de la mujer está entre las piernas del hombre, como se muestra.

● Los bailarines regresan a la posición original. La rutina se repite a la inversa, esta vez la mujer avanza y el hombre retrocede.

■   ▶   **rápido, paso, rápido, paso**   ▶   **lento, regreso**   **II**

● El hombre da un paso corto atrás con la pierna derecha mientras que la mujer avanza con la izquierda. En el segundo tiempo rápido el hombre ejecuta un paso atrás con la pierna izquierda, y desplaza el peso al lado izquierdo.

● La mujer imita los movimientos de él. Empieza el tercer tiempo lento del compás, y el hombre desplaza un paso adelante con su pierna derecha, la rodilla doblada y las caderas hacia la derecha. La mujer retrocede en consonancia.

● El paso termina y la pareja regresa a la posición original. Ni el contacto ni el agarre cerrado se pierden durante esta rutina básica.

● Para disfrutar de un buen baile de lambada los dos deben moverse como si fueran uno solo. El hombre comienza el movimiento y empuja la pierna contra la de su compañera, mientras que ella responde a los movimientos.

▶ **rápido, paso, rápido, paso**　　　▶ **lento**

paso al lado del hombre y apertura de la mujer

Esta rutina da a la mujer la oportunidad de adornar el movimiento con un giro de cabeza,

mostrado en las páginas 100 y 101. Los bailarines hacen la apertura para este movimiento.

● Los bailarines comienzan con un agarre cerrado. En el primer tiempo el hombre baja la mano izquierda hacia la cadera derecha de la mujer, la empuja y aleja.

● El hombre da un paso a la izquierda alejándose y la mujer a la derecha, ambos trasladan su peso hacia afuera, como se muestra. La mujer inclina la cabeza sobre el hombro derecho, y se prepara para girarla.

● En el segundo tiempo el hombre se desplaza a la derecha; la mujer, a un costado, da un paso al lado hacia el frente de él y hace girar la cabeza de derecha a izquierda.

● El peso de la mujer está sobre la pierna derecha, y el giro de cabeza ha terminado. El hombre la hala hacia él, a una postura erguida. En el tiempo lento se termina el movimiento. El hombre da un paso a la derecha girando 90 grados.

■ ▶ **rápido, empuja**   ▶ **rápido, paso, giro de cabeza**   ▶ **lento, giro**   II

● La pareja ahora repite el movimiento. En el primer tiempo el hombre da un paso hacia atrás con la pierna derecha, mientras que la mujer da un paso hacia el lado izquierdo. La cabeza se mueve sobre el hombro izquierdo.

● En el segundo tiempo el hombre se desplaza hacia atrás sobre la pierna izquierda, y hala a la mujer hacia la izquierda, frente a él. La mujer está ahora al frente, con la cabeza abajo, y la gira de izquierda a derecha.

● En el tercer tiempo la vuelta y el giro de cabeza se han completado. El hombre da un paso a su izquierda, mientras que la mujer da un paso atrás sobre la pierna derecha.

● Cuando la pareja se aparta, el hombre mantiene los brazos estirados y lleva la mano derecha a la cadera de la mujer. Repita estos pasos tantas veces como se quiera.

▶ **rápido, atrás**   ▶ **rápido, paso, giro de cabeza**   ▶ **lento, giro**

caída a los lados — en pareja

La caída a los lados es uno de los pasos clásicos de la lambada y es la continuación de la secuencia de las páginas 108 y 109.

● Éste es un movimiento acrobático que requiere de práctica antes de ejecutarse en público. El movimiento comienza con el segundo tiempo rápido; el peso de la mujer está sobre la pierna derecha, y el hombre se para con las piernas muy separadas.

● El bailarín sostiene a la mujer con la mano derecha. La mujer sostiene el brazo izquierdo del hombre mientras éste la hala hacia él. En el tercer tiempo lento la pareja se mueve junta, como se muestra. La mujer se prepara para el giro.

● La bailarina culmina el giro de 180 grados y se dobla hacia atrás en la caída. El peso debe estar en la punta de los pies con la pierna izquierda frente a la derecha. El giro y la caída se hacen durante los dos tiempos rápidos del compás.

● Los bailarines bajan en la caída y suben durante el tiempo lento. Es importante que conserven el agarre firme a través de este movimiento.

■ ▶ **rápido** ▶ **despacio, juntos** ▶ **rápido, giro, rápido, caída** ▶

● El hombre baja el brazo izquierdo para dejar caer a su compañera hasta una posición horizontal. Él dobla las rodillas pero conserva el tronco erguido, como se muestra.

● En el tiempo lento los bailarines regresan a la posición erguida. Todo el movimiento debe hacerse suavemente y sin esfuerzo. Al final del tiempo la pareja está firme, y comienza el siguiente compás.

● En el primer tiempo el hombre y la mujer trasladan el peso a la derecha. En el segundo tiempo los bailarines dan un paso al lado, hacia la izquierda. Esto hace que se miren de frente.

● En este tiempo del compás los bailarines se separan. La mujer traslada el peso a la derecha y el hombre también, listos para seguir con el baile.

lento, erguido   ‖   ▶   **rápido, traslado, rápido, paso** ▶   **lento, separados**   ‖

caída hacia atrás — *en pareja*

Éste es otro movimiento acrobático que sigue inmediatamente después de la secuencia de las páginas 110 y 111.

El movimiento requiere de práctica; las mujeres sólo deben caer hacia atrás hasta donde se sientan cómodas.

● El movimiento se muestra a partir del segundo tiempo rápido; el hombre tiene su peso sobre el pie izquierdo, la mujer sobre el derecho. Los bailarines realizan un movimiento en el sitio durante este tiempo: el hombre a la izquierda, la mujer a la derecha.

● En el tiempo lento la mujer se desplaza atrás sobre el pie derecho y el hombre se mueve hacia atrás sobre el izquierdo. El hombre conserva la posición mientras que la mujer gira en sentido contrario al de las manecillas del reloj, como se muestra.

● El hombre suelta la mano de su compañera y desliza la mano alrededor de la cintura mientras ella se acerca a él llevando la mano derecha a la izquierda de él.

● En el primer tiempo rápido la pareja se aproxima con un agarre cerrado. La mujer atrapa la pierna derecha del hombre entre sus rodillas. El brazo derecho de él está alrededor de la cintura de ella.

| ■ | ▶ | **rápido** | | **lento, atrás, giro** | ▶ | | **rápido, juntos** |

● En el siguiente tiempo del compás la mujer se balancea hacia atrás, con el peso apoyado en la punta de los pies, baja y se aleja de su compañero. El hombre se inclina hacia adelante apoyado sobre su pie derecho.

● Mientras su compañera cae hacia atrás, el hombre se inclina hacia adelante y la toma por la cintura con la mano izquierda, además sostiene la derecha de ella. La mujer agarra la pierna derecha de su compañero entre las rodillas para conservar el equilibrio.

● El ascenso desde la caída es lento y dura todo un compás. El cambio del tiempo hace parte del sentimiento exótico del baile.

● Al terminar el movimiento el hombre da un paso adelante sobre la pierna izquierda mientras que la mujer sigue en las puntas de los pies. La pareja asume un agarre cerrado, en contacto.

giro de la mujer — en pareja

Ésta es una rutina sencilla que tiene mucho en común con algunos giros del *jive*, en los que la mujer

gira atrás y adelante por debajo del brazo de su compañero. El ritmo rápido, rápido, lento de la lambada

le da una gracia única a estos movimientos. El hombre realiza el paso básico en el sitio durante los giros, y

sostiene la diestra de la mujer con la mano izquierda, de manera que la bailarina gire por debajo.

● Los bailarines se toman, separados a un brazo de distancia, como se muestra. Se baila el primer tiempo rápido del compás en el puesto, el hombre a la derecha y la mujer a la izquierda.

● En el siguiente tiempo el hombre da un paso hacia un lado, a la izquierda, la mujer lo sigue, y da el paso a la derecha. Las caderas de ambos bailarines se mueven al estilo de la lambada.

● En el tiempo lento del compás el hombre se mueve de nuevo a la derecha y levanta la mano izquierda, la mujer comienza a girar por debajo del brazo de él, en sentido contrario a las manecillas del reloj y sobre la punta del pie izquierdo.

● El hombre lleva a la mujer a girar 360 grados. Mientras ella se desplaza para quedar frente a él, ambos dan un paso a la derecha y a la izquierda durante el primer tiempo del siguiente compás.

■ ▶ **rápido, paso** ▶ **rápido, paso** ▶ **lento, giro** ▶ **rápido, paso** ▶

● En el segundo tiempo el hombre da un paso al lado derecho, la mujer al izquierdo. El bailarín eleva el brazo izquierdo como en el giro anterior.

● En el tiempo lento la mujer gira en el sentido de las manecillas del reloj y conserva el equilibrio sobre la punta del pie derecho. Recuerde que la mujer siempre debe estar en las puntas de los pies al bailar lambada; esto le añade encanto al baile.

● Mientras termina el giro, el hombre baja el brazo izquierdo y conserva la mano derecha estirada. La pareja se mira frente a frente, tomada de las manos al nivel de la cintura, al final del tiempo.

● Los bailarines están ahora listos para continuar con otros movimientos. Se puede armar una rutina normal de lambada o bailar de manera espontánea al ejecutar los movimientos que desee en cada tiempo.

el ocho
lambada — en pareja

Éste es otro movimiento de lambada que tiene mucho en común con el *jive*. Es muy complicado hacerlo de manera satisfactoria, es útil que la pareja ya conozca la rutina de adentro hacia afuera.

La dificultad está en el sentido de los giros, con los brazos de los bailarines por encima de sus cabezas en distintas direcciones.

● Se comienza en la posición básica. En el primer tiempo el hombre da un paso largo hacia adelante con el pie derecho cruzando a la mujer, y ella hace lo mismo con el pie izquierdo.

● El pie derecho del hombre está frente al derecho de ella, así que ésta queda, en efecto, parada tras él. Él levanta el brazo derecho por encima de su cabeza.

● En el segundo tiempo la pareja traslada el peso al otro pie y gira 180 grados en el sentido de las manecillas del reloj. Mientras avanza el giro, el hombre suelta la mano izquierda y agarra la mano de la mujer por el otro lado.

● En el tiempo lento la pareja traslada el peso y quedan enfrentados. El hombre se mueve de izquierda a derecha y la mujer de derecha a izquierda.

● El giro se repite entonces en la dirección opuesta. Esta vez la mujer da el paso adelante con el pie derecho colocado frente al pie derecho de su compañero. El hombre se para tras ella, la mujer gira hacia el frente.

● Durante el siguiente tiempo del compás comienza el giro, de nuevo en el sentido de las manecillas del reloj. El brazo derecho de la mujer es halado por encima de la cabeza y se cruza por los hombros. La pareja se suelta.

● Mientras asumen la posición frente a frente los bailarines recuperan el agarre normal. En el tiempo lento trasladan el peso, esta vez el hombre se mueve de derecha a izquierda y la mujer de izquierda a derecha.

● El ocho se termina. Se puede repetir con la frecuencia que se quiera o los bailarines pueden continuar con la siguiente rutina.

▶ **rápido, paso**   ▶ **rápido, giro**   ▶ **lento, traslade peso**

vuelta hacia adentro y hacia afuera

Ésta es otra rutina que tiene mucho en común con el *jive*. Es divertido bailar con la mujer envolviéndose hacia el hombre y luego alejándose de nuevo con un giro. El ritmo de la lambada le da más vida a este movimiento, y la variación rítmica ayuda a ello.

● La pareja se toma de las manos con un agarre sencillo, la derecha del hombre toma la izquierda de la mujer. En el primer tiempo el hombre da un paso a la derecha y la mujer a la izquierda, bailan en el sitio de manera normal.

● En el segundo tiempo del compás el hombre vuelve a moverse a la izquierda y la mujer a su derecha. La pareja está ahora separada, con el peso alejado uno respecto del otro.

● En el tercer tiempo lento el hombre traslada el peso otra vez a la derecha y la mujer gira hacia adelante en dirección contraria a la de las manecillas del reloj.

● La mujer gira sobre su pie izquierdo, envolviéndose hacia adentro con el brazo derecho del bailarín. Al final de este tiempo ella habrá girado 180 grados y los dos estarán lado a lado, uno junto al otro.

■ ▶ **rápido, paso** ▶ **rápido, paso** ▶ **rápido, giro** ▶

● El giro hacia afuera es igual
cuando se realiza en sentido opuesto.
En el primer tiempo la mujer desplaza
su peso a la pierna derecha y el hombre
a la izquierda. Este movimiento es
pequeño y se baila en el sitio.

● La pareja continúa unida con
el brazo del hombre alrededor
de la cintura de la mujer. En el segundo
tiempo la bailarina da un paso atrás
con el pie izquierdo, el bailarín hacia
adelante con el derecho.

● En el tercer tiempo, mientras
el hombre va hacia atrás sobre el pie
izquierdo, la mujer se mueve hacia
adelante y gira hacia afuera,
en el sentido de las manecillas
del reloj, sobre el pie derecho.

● El giro termina y los bailarines están
de nuevo uno frente al otro. Se hallan
en posición de realizar de nuevo
la misma rutina o proseguir con otra
variante.

inclinación lateral *en pareja*

Éste es uno de esos pasos acrobáticos que puede ser realizado por cualquier bailarín lo suficientemente flexible y osado. Sigue la secuencia de las páginas 118 y 119. Como muchos de estos movimientos, es mejor practicarlo primero antes de intentarlo en la pista de baile.

● El baile sigue el movimiento de vuelta hacia adentro y hacia afuera, incluída la inclinación lateral. La pareja está frente a frente, tomada de las manos. En el primer tiempo el hombre se desplaza sobre el pie derecho y la mujer sobre el izquierdo.

● En el segundo tiempo la pareja da un paso atrás. El hombre sobre el pie izquierdo y la mujer sobre el derecho. La pareja se separa un poco.

● En el tiempo lento la mujer hace un giro envolvente hacia él, en sentido contrario a las manecillas del reloj. El hombre permanece en la misma posición con los pies separados.

● A medida que la pareja se aproxima, la mujer levanta la rodilla derecha y se inclina hacia el parejo con la cadera izquierda. El hombre pone la mano izquierda sobre el codo de su compañera para dar un apoyo adicional.

■ ▶ **rápido, paso** ▶ **rápido, paso** ▶ **lento, envuelve adentro, inclina**

● En el primer tiempo del siguiente compás el hombre dobla la rodilla izquierda y mantiene hombros y tronco rectos. La mujer se inclina apoyándose, y sigue al compañero a medida que él se aleja de ella. El brazo derecho se levanta en dirección a la cabeza.

● En el segundo tiempo el hombre estira la rodilla, y traslada el peso otra vez sobre la pierna derecha. Ambos se levantan al mismo tiempo.

● En el tercer tiempo la pareja gira hacia afuera como se muestra en las páginas 118 y 119. La mujer gira en el sentido de las manecillas del reloj, sobre la pierna derecha. El hombre la hala para hacerla girar, desenvolviendo el brazo de la cintura de ella.

● El movimiento concluye y la pareja queda de nuevo frente a frente, tomada de las manos, como se muestra.

caída lateral

lambada – en pareja

Éste es otro espectacular movimiento que requiere práctica y sentido del ritmo para ejecutarlo. Uno de los aspectos

más importantes para recordar al hacer cualquier caída es que éstas deben comenzar como una onda

que sube desde las rodillas hacia las caderas, la cintura y los hombros, con un movimiento final de cabeza.

Son desplazamientos para aquellos con buena condición física, y una de las grandes atracciones de la lambada.

● Se comienza frente a frente, tomados de las manos. Ello permitirá bajar más en la caída. Si no se quiere bajar mucho, el hombre puede sostener a su pareja por la cintura. En el primer tiempo la pareja baila a la izquierda y a la derecha en el sitio.

● En el segundo tiempo la pareja da un paso atrás. El hombre da un paso largo al lado sobre el pie izquierdo, la mujer da un paso atrás sobre el pie derecho. Los bailarines trasladan el peso hacia afuera, como se muestra.

● En el tercer tiempo el hombre continúa en la misma posición y la mujer traslada su peso sobre la punta del pie izquierdo.

● La mujer completa un giro de 180 grados y coloca el pie derecho atrás del izquierdo. La pareja termina el giro, y el hombre está de lado. Los bailarines levantan los brazos a la altura de los hombros.

■ ▸ **rápido, paso** ▸ **rápido, paso** ▸ **lento, vuelta adentro** ▸

● En el primer tiempo del siguiente compás la mujer se dobla hacia atrás desde las rodillas. Su compañero la sostiene firmemente de las manos.

● Los expertos en lambada pueden doblarse y quedar paralelos al piso, como se muestra aquí. En el segundo tiempo el hombre hala a la mujer hacia una posición erguida.

● En el tiempo lento la mujer gira 180 grados en el sentido de las manecillas del reloj, sobre el pie derecho. El hombre traslada el peso a su pie izquierdo y la pareja termina el movimiento mirándose frente a frente.

● Los bailarines más dinámicos pueden diseñar un programa que incluya todas las caídas, una detrás de otra. Incluya tantas como quiera, pero los principiantes no deben ser tan pretenciosos.

rápido, paso ▶ rápido, paso ▶ lento, giro ▶ II

vuelta al mundo — en pareja

Éste es el último movimiento de lambada para el que tenemos espacio en este libro. Es uno de los más famosos, muy bien llamado la vuelta al mundo. Los movimientos son rápidos, y contienen muchos de los elementos que hacen de la lambada un baile tan emocionante, el agarre cerrado, un movimiento espectacular y algunas acrobacias.

● Los bailarines comienzan con el agarre cerrado, mirándose frente a frente. En el primer tiempo la pareja danza en el sitio.

● El hombre se desplaza a la derecha y la mujer a la izquierda. Ambos trasladan el peso a un lado como es usual.

● En el segundo tiempo el hombre da un paso atrás con el pie izquierdo y la mujer da un paso atrás con el derecho. Los bailarines estiran los brazos pero conservan el agarre.

● En el tercer tiempo el hombre traslada el peso sobre el pie derecho. La mujer gira para mirar a su compañero, y lo hace sobre el pie izquierdo. Al final del giro ella pone el pie derecho entre las piernas de su compañero.

▸ **rápido, paso**   ▸   **rápido, paso**   ▸   **lento, giro**   ▸

● En el primer tiempo del segundo compás la mujer continúa el giro de 180 grados, sobre su pie derecho. El hombre la sostiene con el brazo por la cintura y la mujer se dobla hacia atrás.

● En el segundo tiempo la mujer conserva la misma posición y el hombre rota con ella 180 grados, y regresa a la derecha. La pierna derecha de ella continúa entre las piernas de él mientras ambos rotan.

● En el tercer tiempo el hombre trae a la mujer hacia él y los bailarines retoman una postura erguida con el agarre cerrado. La pareja junta los pies como se muestra.

● El movimiento de la vuelta al mundo puede repetirse en la dirección opuesta. Los movimientos se invierten y se hacen normalmente.

rápido, giro ▶ **rápido, balanceo en círculo** ▶ **lento, pies juntos**

índice

A

Alberti, Luis 13

B

baile callejero 6
Brasil 6

C

carimbo 10
charanga 7
Cuba 6
cumbia 7

D

dança da garrafa, el baile prohibido 10
danzón 7
do Belem, Fafa 10
República Dominicana 6, 12

E

Espinoza, Juan 12

F

Forro 10

G

García, Juan F. 12
guaguancó 7
guaracha 7

H

Haití 12
Hernández, Julio Alberto 12

I

Islas del Caribe 12
    Música 10

J

Espínola, Juan 12

K

Kaoma 10

L

lambada 6, 10, 11
    influencias 10
        carimbo 10
        dança da garrafa, el baile
            prohibido 10
        forro 10
        merengue 10
        música del Caribe 10
        samba 10

Música 11
  Fafa do Belem, 11
  Kaoma 10
  Mercury, Daniela 11
lambada, rutinas de la 90 – 125
  caídas 11
    caída a los lados 110-111
    caída hacia atrás 112-113
    caída lateral 122-123
  pareja, en 106-125
    adelante y atrás 106-107
    caída a los lados 110-111
    caída hacia atrás 112-113
    caída lateral 122-123
    giro de la mujer 114-115
    inclinación lateral, el 120-121
    ocho, el 116-117
    paso al lado del hombre
      apertura de la mujer
      108-109
    vuelta al mundo 124-125
    vuelta hacia adentro hacia
      afuera 118-119
  pasos básicos 92-102
    apertura 98-99
    giro, el 102-103
    paso largo, el 104-105
    en el sitio 94-95
    giro de la cabeza para la mujer
      100-101
    adelante y atrás, paso 92-93
    paso al lado, 96-97

lambaterías 10, 93
  bailes latinoamericanos, 6
  principios básicos 6

M

mambo 7
Mercury, Daniela 11
merengue 10,12-14
  movimientos 14

músicos 12, 13
  Alberti, Luis 13
  Espinoza, Juan 12
  García, Juan F. 12
  Hernández, Julio Alberto 12
orígenes 12
popularidad 12, 14
República Dominicana, baile
  nacional de 12

merengue, rutinas del 54-89
  pareja, en 68-89
    desplazamiento de lado a lado
      72-73
    el abrazo 84-85
    resorte, el 88-89
    sitio, en el 68-69
    giro de la mujer 74-75
    giro por el hombro 86-87
    la mujer alrededor del hombre,
      82-83
    paso al lado, el 80-81
    separación 70-71
    vuelta hacia adentro y hacia
      afuera 78-79
  pasos básicos 56-67
    desplazamiento 58-59
    desplazamiento de lado a lado
      64-65
    el arrastre de pies, 60-61
    en el sitio 56-57
    la vuelta, 66-67
    paso de lado a lado 62-63
  tipos,
    baile de salón, 13
    folklórico 13
merengue moderno 14

N

Neoyorquinos 7

R

República Dominicana 6, 12
rumba 7

S

Salsa 6,7-9
  agarres **8-9**
    abierto **9**
    cerrado **8**
  movimientos básicos **8-9**
  orígenes **7**
    cumbia **7**
    charanga **7**
    danzón **7**
    guaguancó **7**
    mambo **7**
    rumba **7**
    señales **9**
    son cubano **7**
salsa, rutinas de **16-53**
  pareja, en **28-53**
    adelante y atrás **28-29**
    alternando giros **46-47**
    apertura **44-45**
    giro envolvente **50-51**
    giro por el hombro **48-49**
    giro y paso al lado **40-41**
    segundo paso básico **32-33**
    señal para cambiar al segundo
      paso básico **30-31**
    señal para cambiar al tercer
      paso básico **34-35**
    señal para detener el giro y
      acercarse **42-43**
    señal para el giro **38-39**
    tercer paso básico **36-37**
    vuelta hacia adentro y hacia
      afuera **52-53**
pasos básicos **18-29**
  apertura **22-23**

  el giro **26-27**
  paso adelante y atrás **18-19**
  paso al lado **24-25**
  paso atrás y otra vez atrás **20-21**
  giros
    alternando **46-47**
    de salsa **26-27**
    envolvente **50-51**
    giro y paso al lado **40-41**
    por el hombro **48-49**
    señal para el giro **38-39**
samba **10**
son cubano **7**

T

Trujillo, Rafael **13**

V

vuelta hacia adentro
  y hacia afuera
  78-79